Elke Marion Weiß
Seiltänze

Die Autorin

Elke Marion Weiß stammt aus Bad Wildbad im Schwarzwald. Die promovierte Literaturwissenschaftlerin lebt heute in Bremen

und arbeitete lange als Dozentin an der dortigen Universität. Seit 2001 ist sie schriftstellerisch tätig. Sie schreibt Lyrik, Kurzprosa, Romane und Krimis. In der *Edition Falkenberg* erschien zuletzt ihr Bremen-Krimi *Kopflos im Park*.

Titelabbildung: © Photocase / zambi

1. Auflage 2019

ISBN 978-3-95494-130-8
www.edition-falkenberg.de

Elke Marion Weiß

Seiltänze

Schräge kurze Geschichten

Edition Falkenberg

Für Ivonne
meine geniale Freundin

Inhalt

Das rote Kleid

Das letzte rote Kleid hatte ihr kein Glück gebracht. Deshalb hatte sie die Farbe aus ihrem Kleiderschrank verbannt. Was nun darin hing, war schwarz, grau, blau oder beige. Auch mal fliederfarben und aubergine.

Tja, und nun das. Es war hinreißend, im Empire-Stil, mit großem Dekolleté.

begehrlich greift sie / nach glühender Seide / Magenta heute / während feurige Füchse / durch die Stadt streichen / und sie anmalen / mit Ochsenblut

Es war keine Seide, es war Viskose. Seide hätte sie gar nicht verkraftet, vom Geldbeutel her. Aber das hier war ein Schnäppchen gewesen, gerade richtig für heute. Sie hatte es als Erkennungszeichen angegeben, woraufhin per Mail die Antwort ›rotes T-Shirt‹ gekommen war. Oh je, hatte sie gedacht. Aber vielleicht war er ja ein feuriger Fuchs.

Sie schaute in den Spiegel. Der kalte Juni-Regen hatte ihr die pfingstliche Bräune von der Haut gewaschen. Wenn sie nur ein bisschen geschickter mit dem Make-up wäre. Aber das war noch nie ihr Ding gewesen, und mit zunehmendem Alter fand sie künstliche Farben immer weniger schmeichelhaft. Ein Hauch von Rouge, ein bisschen Lip-Gloss, das musste genügen. Gerade, als sie sich daranmachte, noch etwas Glanz ins Haar zu bürsten, klingelte es an der Tür.

»Frank! Was willst du denn?«

Da stand er, der gute Frank, ein Milchkännchen in der Hand, und starrte sie an. »Mensch, Isa …« Sein Blick heftete sich an ihr Dekolleté. »Sahne …«, stammelte er. »Hast du Sahne im Haus?«

»Natürlich. Komm rein. Kochsahne oder normale?«

»Wie bitte?« Er wandte immer noch keinen Blick von ihr. »Du siehst toll aus … ganz toll … Du hast dich ja richtig in Schale geworfen.«

Sie spürte, wie ihr über dem roten Kleid das rote Blut in die Wangen stieg. »Ich habe eine Verabredung.«

»Oh.« Er zögerte. »Es ist … na ja, so ungewohnt. Ich kenne dich sonst nur in Hosen.«

»Also, was jetzt – normale oder zum Kochen?« Da sie immer noch keine Antwort bekam, nahm sie ihm sein Kännchen aus der Hand und füllte es mit einem Becher vollfetter Sahne.

Er lehnte sich an den Küchentisch und sah sie schief an. »Mit wem triffst du dich denn?«

»Oh, Frank. Du bist ja neugieriger als ein Waschweib.« Sie drückte ihm das Sahnekännchen in die Hand und schob ihn zur Tür. »Ich muss jetzt gehen, sonst komme ich zu spät.«

»Schaust du noch bei mir vorbei, wenn du zurück bist? Ich habe einen schönen Bordeaux da. Den magst du doch so gerne.«

»Ich weiß nicht, wann ich zurück bin. Ich weiß auch nicht, ob ich …«

»Schon verstanden. *No problem.*« Er fummelte in der Hosentasche nach seinem Schlüsselbund. »Aber du kannst jederzeit …«

»Ist gut, Frank, ist gut.«

Sie war zu früh, wie immer. Das musste sie sich endlich abgewöhnen.

Sie steuerte ein Tischchen in der hinteren Ecke an, das einen guten Blick auf den Eingangsbereich erlaubte. Sie setzte sich und griff zur Karte. Wie gerne hätte sie jetzt eine Zigarette geraucht, aber seit sieben Monaten und zehn Tagen war sie abstinent. Also eine heiße Schokolade mit Sahne – und nein, keinen Kuchen. Die Schokolade war schon sündig genug. Doch sie würde wärmen. Isa war nämlich kühl in ihrem dünnen Kleid. Wenn sie wenigstens den roséfarbenen Schal mitgenommen hätte. Aber dann wäre das Dekolleté nicht zur Geltung gekommen.

»Genau das Richtige bei diesem Wetter«, meinte die Bedienung und stellte das dampfende Getränk auf den Tisch. »Falls Sie doch noch unseren Apfelstrudel probieren wollen …«

Isa schüttelte den Kopf. Nein, ganz bestimmt nicht. Sie legte die Hände um die große Tasse und spürte, wie ihr wärmer wurde. Dann begann sie, langsam die Sahne unterzurühren. Es war ein Ritual. Sie vertiefte sich in die kunstvollen hellen Kreise und Ovale, die sie in das Kakaobraun zeichnete. Bevor sie die Tasse an die Lippen führte, schaute sie hoch.

Fast wäre ihr der Löffel in die Schokolade gefallen. Da kam ein rotes Kleid ins Lokal! *Ihr* rotes Kleid! Noch dazu an einer hübschen jungen Frau. Gänsehaut flog über Isas nackte Arme und den bloßen Brustansatz, dann wallte Hitze auf. Was hatte sie erwartet? Dass sie bei Karstadt für fünfzig Euro ein Unikat bekommen würde? Das hatten in den sechziger Jahren Liz Taylor und Gina Lollobrigida auch geglaubt, nur waren es damals keine Kaufhausfummel gewesen, sondern Roben von Dior. Der Schönheit der Trägerinnen hatte das natürlich keinen Abbruch getan. Anders bei Isa. Das Kleid – soviel war offensichtlich – kam an der anderen deutlich besser zur Geltung. Kunststück, sie war ja auch Jahrzehnte jünger und ihr Haar so golden wie Isas einst.

Was nun? In Panik flüchten? Bevor Isa zu einem Entschluss kommen konnte, sah sie, wie ein rotes T-Shirt in der Tür aufleuchtete und sich nach kurzem Zögern dem roten Kleid zuwandte. Eine Verbeugung, ein Lächeln, ein Wortwechsel, und schon saßen die beiden einander gegenüber. Die junge Frau tat allem Anschein nach nichts, um das Missverständnis aufzuklären. Was Wunder – schließlich sah der Kerl unverschämt gut aus, breitschultrig, muskulös, mit dichtem dunklem Haar.

Das kommt davon, du dumme Kuh, wenn man mit seinem Alter hinterm Berg hält.

Als die Bedienung am Nebentisch abkassierte, gestikulierte Isa sie zu sich herüber, raunend, fast schon flüsternd, das Exit-Schild fest im Blick. Es wäre ihr etwas peinlich, aber … Ob vielleicht die Möglichkeit bestünde …? Sie würde ihr einen großen Gefallen tun … Ein Zehn-

Euro-Schein wechselte die Besitzerin, ein Vorhang wurde beiseite geschoben, eine Tür fiel ins Schloss.

Isa zögerte, als sie vor ihrem Hauseingang stand und nach dem Schlüssel kramte. Hoffentlich hörte Frank nicht, wie sie aufschloss. *Das war aber ein kurzes Date. Was war denn los?*, würde er fragen und gleich wieder mit seinem Rotwein daherkommen. Der gute Frank. Eigentlich – wenn sie es richtig bedachte, war auch er breitschultrig, muskulös und dunkelhaarig. Mit dicht bewimperten Augen, tiefblauen, freundlichen Augen. Isa fingerte eine Weile an ihrem Schlüsselbund herum, dann ließ sie ihn wieder in die Handtasche zurückfallen und zog den Reißverschluss zu. Schließlich drehte sie sich um und marschierte festen Schritts davon, in Richtung *Lustiger Schuster.*

Cleo auf dem Dach

Ich schaue mich um. Hier also soll ich im nächsten Schuljahr unterrichten. Noch sind die tintenbekleckststen Tische zur Seite geschoben, die Stühle aufeinander gestapelt. Aber bald werden kleine Stimmchen durch den Raum schwirren. *Sieh, der neue Mathelehrer. Hoffentlich ist er nicht so streng!*

Der Raum sieht verwahrlost aus. An den nackten Wänden vereinzelte Reißzwecken, auf dem Linoleum Kratzer über Kratzer. Vom Nachtregen sind Schlieren auf den schmutzigen Fensterscheiben zurückgeblieben. Eine der Scheiben ist sogar kaputt, notdürftig mit Klebeband zugepflastert.

Das wäre was für Onkel Horst gewesen. Onkel Horst war dauernd in Sorge gewesen wegen der Fenster. Wegen zerbrochener, wegen gesprungener, ja, besonders wegen offener Fenster. Bleibt ja von offenen Fenstern weg, hatte er uns Kindern eingebläut, immer und immer wieder. Und wir hatten uns natürlich darüber lustig gemacht. Ihn mit einigen schlimmen Streichen in Angst und Schrecken versetzt. Dabei war seine Sorge verständlich gewesen.

Schuld daran war jener unvergessliche Tag im Sommer 1960, als der Zirkus in unser Dorf kam.

Es war ein Zwergenzirkus. Klein an der Zahl, klein in der Statur, gerade klein genug für unser Kaff. Wie für uns gemacht. Heute darf man sie nicht mehr Zwerge nennen. Heute sagt man Kleinwüchsige, aber für uns Kinder waren sie eben Zwerge.

Sie kamen mit drei Wohnwagen, ungefähr ein Dutzend Leute mit ausgesuchter Menagerie. Kleine Tiere, versteht sich. Ich erinnere mich an einen Ziegenbock, ein Schaf, zwei Hasen, einen Esel, ein kleines schwarzes Hängebauchschwein. Und ein paar winzige Äffchen mit orangefarbenem Haar und feuerroten Popos.

Am exotischsten aber – eigentlich das einzig Exotische, von den Äffchen abgesehen – war eine Schlange. Ich weiß nicht, ob es eine Giftschlange war oder nicht. Auf jeden Fall kam sie uns Kindern sehr gefährlich vor.

Onkel Horst, der Rektor war, lud die Zirkusleute zu uns in die Schule ein. Und sie kamen – mit dem stinkenden Ziegenbock, einem Kaninchen und der Schlange. Ihr Geschnatter und Kreischen und Quieksen flog durch alle Stockwerke des alten Gebäudes.

Unser Klassenzimmer war im zweiten Stock. Als die Zwerge ankamen, saßen wir alle stocksteif da, ehrfürchtig und gespannt. Und wir wurden nicht enttäuscht. Der eine lief auf Händen durch den Raum, und manchmal streckte er sogar eine Hand in die Luft. Der andere machte Saltos am laufenden Band, von der Tür bis zur Tafel und zurück. Der dritte, Vintoc, war ein Zauberer. Er zog die tollsten Tricks aus seinem Zylinder – meterweise Girlanden, ein buntes Blumenmeer, jede Menge Seifenblasen und schließlich eine lebendige weiße Taube. Wir klatschten Beifall, bis uns die Hände weh taten.

Vintoc war natürlich entzückt, er liebte sein Publikum. Besonders, weil wir nicht genug bekommen konnten. Zugabe, Zugabe, riefen wir im Chor. Wir riefen so lange, bis er uns schließlich noch seinen Spezialtrick vorführte – seinen ausgetüfteltsten und schwierigsten, wie er sagte. Den Trick mit der Schlange.

»Meine jungen Herrschaften, sehr verehrtes Publikum, darf ich vorstellen? Hier kommt Cleopatra, einst Kaiserin von Ägypten, jetzt als Schlange wiedergeboren. Sie hat den weiten Weg zurückgelegt, um euch zu unterhalten. Auf, Cleo, zeig den Kindern, was du kannst!«

Er brachte die Schlange in Position. Sie sollte im umgestülpten Zylinder Männchen machen. Besser gesagt, sie sollte sich empor winden und zu Vintocs Flötenmusik graziös herumtänzeln. Aber Cleo wollte nicht. Cleo war widerspenstig. Sie achtete weder auf Vintocs Flötentöne noch auf seine Honigstimme, mit der er sie zu bezirzen versuchte. So sehr er sich auch mühte, sein Sirenengesang verhallte ungehört. Stattdessen schlängelte sich die eigenwillige Ägypterin in Windeseile aus dem Zylinder heraus und kroch über den Tisch hinweg auf die kleine Mona zu, die ganz vorne saß. Unnötig zu sagen, dass Mona furchtbar erschrak. Sie geriet so in Panik, dass sie aufsprang, ihren Stuhl umstieß und versuchte, unter den Tisch zu kriechen. Aber auch Cleo geriet in Panik. Sie ließ sich blitzschnell fallen und landete direkt auf Monas Nacken und wand sich um den zarten kleinen Hals.

Vintoc stand wie versteinert da. Wir alle waren schockstarr.

Je länger ich darüber nachdenke, desto sicherer bin ich mir, dass Cleo keine Giftschlange war, sondern eine Würgeschlange. Sie musste ein Würger sein, so wie sie sich um Monas Hals herumrollte. So wie sie presste. So wie sie Monas Bäckchen apfelrot färbte. So wie sie Monas piepsiges Stimmchen erstickte.

Es war brütend heiß an jenem Tag. Alle Fenster standen sperrangelweit offen. Tja, und das war der Ausweg für Ritter Jonathan, für Klein-Monas jungen Verehrer. Jonathan warf sich auf Cleo, mit seinen sechzig, siebzig Pfund Wagemut.

Ich weiß nicht, wie, aber Jonathan schaffte es. So unglaublich es klingt – er packte die Schlange, lockerte ihren Würgegriff, rannte mit ihr zum offenen Fenster und schleuderte sie hinaus. Keiner glaubt mir das. Für so einen Akt braucht man übernatürliche Kräfte. Aber hier war *Superman* selbst am Werk.

Unterhalb des Fensters war eine Dachschräge, so etwa zwei bis drei Meter abschüssiges Schieferdach. Und dort lag nun Cleo und kämpfte tapfer gegen das Gefälle an. Dort lag Cleo, als Vintoc in ein herzzerreißendes Heulen und Jammern ausbrach. Und trotz des hohen Simses, trotz seiner Zwergenstatur, trotz Onkel Horsts kläglicher Versuche, ihn zurückzuhalten, stürzte er sich hinaus und warf sich auf die Schlange. Vintoc war zu sehr Akrobat, um sie da draußen ihrem Schicksal zu überlassen. Cleo, seine heiß geliebte Cleo, sein Augapfel. Cleo, allein auf dem Dach.

Aber letzten Endes war Vintoc doch nicht Akrobat genug.

Die Zugfahrt

Ich presse den Zettel zu einem kleinen Ball zusammen, bis er papierleicht und doch steinschwer zwischen meinen Fingern liegt. So oft zerknüllt und geglättet und zerknüllt und geglättet – und dennoch nicht weggeworfen. Was mache ich da? Die Szene kommt mir seltsam vertraut vor, auch wenn ich mich darin nicht wiederfinde.

Plötzlich steigen Bilder empor, Sequenzen auf einer uralten Filmspule, die durch den Nebel von Jahrzehnten rollt.

***

Der Zug fuhr ein. Köpfe huschten Abteil für Abteil an mir vorbei, die Bremsen quietschten. Hoffentlich war ich hier richtig. Dem Wagenstandanzeiger nach mussten die Waggons nach Hoek van Holland ganz am Ende sein, im Abschnitt E. Ich schulterte den Rucksack und griff nach meinem Koffer. Kaum war der Zug zum Stehen gekommen, spurtete ich los, zur nächstbesten Tür. *Erst die Leute aussteigen lassen, zum Donnerwetter! Dass die jungen Dinger immer so drängeln müssen!*

Die Abteile, an denen ich mich vorbeiquetschte, waren voll besetzt. Erst im vierten und fünften bemerkte ich vereinzelt freie Plätze. Aber bis zur Fähre zwischen Baumwollhosen und Faltenröcken eingezwängt? Nein. Ich schob mich mitsamt meinem Gepäck weiter. Der Koffer schlug dauernd an mein rechtes Knie – tja, es gab eben noch keine handlichen Griffe und Rollen. Plötzlich ein Ruck und ich verlor die Balance, traf auf einen Körper hinter mir. *Vorsicht, Fräuleinchen, Vorsicht.* Ich richtete mich auf und stolperte weiter, durch Verbindungstüren und über schlingernde Plattformen, bis ich schließlich im letzten Wagen angekommen war.

»Ist hier noch frei?«

Die Frau mit dem Skizzenblock auf dem Schoß nickte. Mit einer ausholenden Bewegung schälte ich mich aus meinem Rucksack und stellte ihn neben mir ab. Dann versuchte ich, den Koffer hochzuhieven.

»Warten Sie, ich helfe Ihnen.«

»Danke.«

Ich ließ mich auf den Sitz plumpsen. Das hatten wohl schon Aberhunderte vor mir gemacht, das spürte ich. Ob das mein Steißbein aushalten würde, über all die Kilometer hinweg? Mein Steißbein war nämlich mein wunder Punkt. Ich konnte kaum zwei Stunden im Kino sitzen, ohne rasende Schmerzen zu bekommen. Das verwächst sich, hatte Dr. Berger gesagt. Aber wie sollte das gehen? Schließlich war ich ausgewachsen, wenngleich nur bis zu einer Höhe von knapp 160 Zentimetern.

Hinter leicht getrübten Scheiben sah ich, wie die letzten Wohnblocks verschwanden und von Sommerwiesen mit braun-weißen Kühen abgelöst wurden. Nach sechs, sieben Stunden würden es schwarz-weiße Kühe sein. Ich schwitzte schon jetzt.

»Darf ich mal kurz Luft hereinlassen?«, fragte ich.

»Ja, natürlich.«

Ich öffnete das Fenster und steckte den Kopf hinaus. Das kühlte, aber der Fahrtwind fühlte sich irgendwie schmutzig an. Schnell machte ich wieder zu, setzte mich und angelte Wasserflasche und Buch aus dem Rucksack. *Wie ich dich kenne, schaffst du es, auf der ganzen Reise kein Wort zu reden. Mit dir muss man einen Sack Salz essen, bevor du auftaust.* Nun, das konnte meiner Mutter nicht passieren. Es war mir jedes Mal hochnotpeinlich, wenn sie wildfremde Leute ansprach und ausfragte – im Café, beim Einkaufen, im Bus und ganz besonders in der Bahn. Fremdschämen nennt man das heutzutage. Oh, dieses grässliche Neudeutsch.

Ich begann zu lesen. Charles Dickens, *Great Expectations*, Kapitel eins. Zumindest sprachlich wollte ich mich auf mein Reiseziel einstimmen. Allerdings schien mein Vokabular den ›großen Erwartungen‹

noch nicht ganz gewachsen zu sein. Immer wieder verlor ich den Faden, weil ein Wort fehlte. Und immer wieder schielte ich hinüber zu der Frau mit ihrem Skizzenblock.

Sie mochte um die Mitte Dreißig sein, mausbraunes, halblanges Haar, graue Augen, farbloser Teint. Absolut unscheinbar. Aber wenigstens schlank, im Unterschied zu mir. Sie zeichnete. Doch so sehr ich mich bemühte, ich konnte nicht erkennen, was sie da zeichnete. Irgendwie sah es diffus aus, zumindest aus meiner Über-Kopf-Perspektive. Meine eigenen Bilder jedenfalls waren erkennbarer gewesen. Vor drei, vier Jahren, als alle in der Klasse noch von Filmstars schwärmten, hatte ich mein Taschengeld mit deren Porträts aufgestockt. Romy Schneider 50 Pfennig, Sophia Loren 60 Pfennig, Clark Gable und Gregory Peck eine Mark. Bei Männern hatte ich immer mehr genommen, denn die waren schwieriger.

Ich vertiefte mich wieder in das Geschehen auf dem unheimlichen Friedhof, doch schon nach wenigen Seiten war ich nicht mehr bei der Sache. Ich machte das Buch zu. Auf dem Rückweg würde das bestimmt besser klappen.

Ich weiß nicht mehr, wo der Mann zustieg. Überhaupt habe ich nach all den Jahrzehnten den Streckenverlauf nur noch vage im Kopf. Zumindest musste es an einem Knotenpunkt gewesen sein, der die Südlinie mit der Südostlinie verband, denn der Mann kam aus München. Leichter bayerischer Akzent, bayerischer Name. Nicht, dass ich den Zettel mit der Adresse aufbewahrt hätte – dazu gab es keinen Grund. Aber seinen Namen weiß ich komischerweise noch heute. Wie alt der Mann war? Keine Ahnung – aber aus der Sicht eines Teenagers auf jeden Fall steinalt.

Er setzte sich neben meinen Rucksack, der Frau mit dem Skizzenblock schräg gegenüber. Und im Nu waren sie im Gespräch. Sie redeten an mir vorbei und über mich hinweg, und ich dachte an meinen Sack Salz. Ich versuchte, nicht hinzuhören. Immer wieder rang ich um die Erwartungen des jungen Pip, aber *Kunsthochschule* und *Architekturbüro* schwirrten über meine Friedhofsszene hinweg. Schließlich legte ich das Buch zur Seite, stand auf und ging hinaus. *Sag drüben ja nicht, du musst aufs Klo. Das heißt dort: Ich gehe mir die Hände waschen*. Die gute Miss Marple. Eigentlich hieß sie Luise Simoni, aber niemand in der Klasse nannte sie so.

Als ich zurückkam, saß der Mann neben der Malerin und schaute auf den Skizzenblock. Er nickte und deutete und murmelte, sie nickte und deutete und murmelte. Ich machte es mir wieder auf meinem Fensterplatz bequem und starrte hinaus, auf vorüberfliegende Dächer, auf Schlote und Antennen. Doch aus den Augenwinkeln schielte ich immer wieder auf die beiden Köpfe, den mausbraunen und den struppigblondgelockten, die sich jetzt fast berührten.

Meine Bluse klebte inzwischen an meinem Rücken. Hätte ich doch bloß das Baumwollhemdchen angezogen. Aber nein, meine Mutter hatte auf der Bluse bestanden. Die ausgebeulte Hose sei schon schlimm genug. Eigentlich wäre ein Reisekostüm angebracht gewesen. Schließlich sei ich jetzt eine junge Dame. Wenn sie gewusst hätte, was ich für die vier Wochen eingepackt hatte ...

Ich wurde langsam müde. Kein Wunder, denn ich war schon um fünf aufgestanden. Außerdem lullte mich das Gemurmel auf der gegenüberliegenden Seite ein. Wie konnten zwei Fremde nur so viel miteinander reden? Noch dazu so leise und vertraulich?

Immer wieder fielen mir die Augen zu, und immer wieder schreckte ich hoch, über einzelne Wörter stolpernd. *Lebenstraum. Schicksal. Begegnung. Familie. Zu spät. Zu spät.* Dann nickte ich endgültig ein.

Irgendwann wachte ich durch einen schrillen Pfiff auf. Erst schaute ich auf meterlangen Beton, dann wurde es rabenschwarz. Die Fahrt durch die Nacht dauerte und dauerte, keine Notbeleuchtung brachte Licht ins Dunkel. Als wir aus dem Tunnel heraus waren, schienen mir die Köpfe gegenüber nicht mehr mausbraun und nicht mehr struppig zu sein.

Ein abrupter Halt schubste mich aus meiner Ecke. Ich musste wieder eingedöst sein, ja, sogar ziemlich lange geschlafen haben, denn draußen war nun alles topfeben und die Kühe sahen anders aus.

»Wo sind wir denn?«, fragte ich.

»Vor der holländischen Grenze«, antwortete die Malerin. Ihre Stimme klang belegt, ihr linkes Auge glitzerte.

»Ist der Herr ausgestiegen?«

»Hm.«

Sie schob einen kleinen Papierball von der rechten in die linke Hand und von der linken zurück in die rechte, hin und her, her und hin. Plötzlich richtete sie sich ruckartig auf, öffnete den Abfallbehälter und warf das Kügelchen hinein.

Als sie nach der Passkontrolle aufstand und hinausging – *ich bin dann mal im Speisewagen* –, fischte ich das zerknüllte Zettelchen wieder heraus und strich es glatt. *Max Ertl* stand in gestochener Handschrift darauf, und eine Münchener Adresse mit Telefonnummer. Kopfschüttelnd zerknüllte ich es wieder und steckte es zurück.

***

Wahrscheinlich bin ich zu jung gewesen, um die Geschichte wirklich zu verstehen. Und wie hätte ich ahnen können, dass ich heute, mehr als fünfundzwanzig Jahre später, ein ebensolches Zettelchen in der Hand halten und nicht wissen würde, was tun?

Der Rattenfänger von Beersheba

Das Kamel starrte sie an, ohne mit der Wimper zu zucken. Je länger es starrte, desto mehr gurgelte Lachen in ihrer Kehle. Nein, so etwas hatte sie noch nie gesehen. Diese arroganten Augen. Dieser bornierte Blick. Kein Wunder, Majestät ruhten auf einem formidablen Thron. Auf einem riesigen Pick-up. Wo waren die Zeiten der echten Karawanen geblieben? Wo die Reise in das Morgenland, die Wüstennächte im Beduinenzelt, Scheherazades goldenes Buch?

Ein beißender Uringestank schlug ihr entgegen, herbeigeweht von warmen animalischen Winden. Sie schaute zu Anne und prustete lauthals los, hinein in ein Oh-Pfui-Gesicht, das sie nur allzu gut kannte. Sie hätte es wissen müssen. Auch, dass die Tochter nur aus Mitleid mitgekommen war – oder aus Pflichtgefühl.

Aber da war auf einmal ein anderer Geruch, da waren schwüle Duftschwaden, die sie umhüllten wie Seide. Und auf diesen Schwaden trieb Musik herbei. Eine Melodie, die sie nicht kannte. Die ihr dennoch vertraut erschien. Schrill und laut und sanft und weich zugleich. Sie lauschte. Sie schnupperte. Die Musik roch nach Kamelfett und Zimt und Nelken und Moschus. Nach Orangen und Limonen. Und nach männlichem Geschlecht.

Zögernd drehte sie den Kopf und sah geradewegs in ein anderes Augenpaar. Dunkelste Augen – Augen, von denen sie nur allzu oft geträumt hatte. Sogar zu Peters Zeiten.

Der Beduine starrte sie an, ohne mit der Wimper zu zucken. Genauso frech und unverschämt wie sein Kamel. Herausfordernd. Auffordernd. Sein Kaftan, der wohl einmal weiß gewesen sein musste, hatte jetzt die Farbe seines Tieres angenommen. Er schien starr vor Dreck. Wenn er ihn ausgezogen hätte, wäre er bestimmt stehen geblieben wie ein Zelt.

Des Beduinen Augen summten und pfiffen. Sie summten und pfiffen die Melodie, die sie zu entziffern versucht hatte. In diesen Tönen kopulierten Schweiß und Urin und Mann und Kamel mit all den anderen Gewürzen zu duftender Verführung, die sie jetzt mit allen Sinnen fühlte, mit ihrem ganzen verwitweten Körper.

Als sie auf den schäbigen Pick-up kletterte, fiel ihr mit einem Mal ein, was das für eine Melodie war. Ja, sie wusste es. Und nein, sie drehte sich nicht mehr um. Kein letzter Blick mehr für ihre Tochter. Für die penible, pflichtbewusste Anne, die jetzt bestimmt von Kopf bis Fuß Horror und Protest war.

Die Hunde-Gang

Nein, wir sind ihm noch nicht begegnet, dem neuen Kontaktpolizisten. Aber gehört haben wir schon viel von ihm. Wahre Schauergeschichten. Dass er ein richtiger Hundehasser sei. Ein Griffelspitzer, wahrscheinlich von Kollegen gemobbt. Nach oben buckelnd, nach unten tretend. Heiß gemacht von diesem unsäglichen Radrennfahrer, der Löckchen fast umgenietet und mich so wüst angepöbelt hat. Und das auf dem Fußgängerweg.

Also, bislang wissen wir alles nur vom Hörensagen, Franzi und ich. Aber wir hören es von allen Seiten. Von Frau Bergmeister, beispielsweise. Nein, die Hundewiese sei keine Hundewiese mehr, die sei jetzt zum Park erklärt. *Kaisen-Park* prangt nun auf dem neuen Hochglanz-Schild, das sie in der Mitte der Wiese aufgestellt haben. Tja, und in einem Park herrsche Leinenzwang. Hund ohne Leine, das koste dreißig Euro.

Kaisen-Park. Dass ich nicht lache. Diese schäbige, ungepflegte Wiese.

Von Herrn Zwickel wissen wir, dass er inzwischen sogar fünfzig Euro löhnen soll. Weil sein Rudi immer noch ohne Hundemarke spazieren geht. Anfangs hieß es wohl zwanzig Euro, aber weil sich Herr Zwickel standhaft weigerte, wurde das Bußgeld peu à peu erhöht. Dabei ist Rudi gemeldet. Der Kontaktpolizist müsste nur mal beim Finanzamt nachfragen.

Der absolute Knaller ist die Geschichte mit den Tütchen. Für den Hundekot. Dass wir alle mit Tütchen bewaffnet herumlaufen, versteht sich von selbst. Und Frau Nimmernicht hat auch immer welche dabei. Das weiß ich ganz genau, ich kenne sie schon seit Jahren. Also, der KP (so heißt der Kerl inzwischen bei uns) sagte doch zu ihr, sie solle mal ihr Hundetütchen vorzeigen. Ihr Kringel hatte aber sein Geschäftchen bereits gemacht und Frau Nimmernicht das Tütchen ordnungsgemäß entsorgt. Das könne ja jeder sagen, raunzte der KP sie an. Sie müsse immer genügend Tütchen mit sich führen, zum Vorzeigen!

Seitdem haben Franzi und ich immer mehrere Tütchen dabei. Also wähnen wir uns auf der sicheren Seite.

Bis gerade eben. Aber eben erfahren wir vom Ehepaar Strunz, dass es mitnichten x-beliebige Tütchen sein dürfen, nein, es müssen schwarze sein. Warum schwarze? Damit man die Sch... – Entschuldigung, den Hundekot nicht so deutlich sehen kann? Wir rätseln und rätseln, denn der KP weiß die Antwort anscheinend auch nicht. Es stehe halt so in der Verordnung. Basta.

Wir sind uns einig. Wir werden uns keine schwarzen Tütchen besorgen, wo kommen wir denn da hin. Und was die Verordnung anbelangt, die werden wir uns besorgen. Beziehungsweise Herr Strunz. Der hat sie schon mal in der Hand gehabt, der ist nämlich auch bei der Behörde. Und er hat nichts von schwarzen Tütchen gelesen, nur von ›geeigneten Behältnissen‹.

»Sollen wir uns nicht zusammentun und diesem Burschen den Garaus machen?«, frage ich.

Hm. Herr Strunz möchte sich da lieber raushalten, eben weil er bei der Behörde ist. Aber wenn Franzi und ich den Aufstand organisieren wollen, ja dann ...

Schon beim nächsten Hundespaziergang strecken wir unsere Fühler aus. Und siehe da, wir brauchen gar nicht lange herumzureden. Nicht nur Herr Zwickel und Frau Nimmernicht sind schon auf Hundertachtzig, nein, auch Herr Bersenbeck und Herr Niedel und Frau Kretschmar. Wir werden uns schnell einig: wir müssen eine Art Bürgerwehr gründen.

Also, eine konstituierende Sitzung muss her. Wir entscheiden uns fürs *Zeus* als Tagungslokal. Die Ideen, die dort neben Suwlaki und Giros auf den Tisch kommen, lassen allerdings noch zu wünschen übrig. Wir sind doch nicht so primitiv, dass wir den KP mit besagten

Tütchen bewerfen, bis sie platzen. Nein, wir sollten aus dem Untergrund heraus arbeiten. Vielleicht unsere Hunde auf ihn abrichten. Aber die beiden Westies kommen dafür genauso wenig in Frage wie Dackel Rudi und der Yorkshire Terrier oder die französischen Bulldoggen mit ihrem Überbiss. Bleiben die Dobermänner von Herrn Niedel. Doch Herr Niedel sagt, die beiden seien lammfromm und er wisse beim besten Willen nicht, wie man die jetzt umpolen könne.

Etwas ratlos sitzen wir mit dem dritten Ouzo in der Hand da. Was sollen wir bloß tun? Wer hat die zündende Idee? Franzi meint, man könne ihm Tierquälerei unterschieben. Nun, das ist ja auch recht nah an der Wahrheit dran. Leinenzwang und Maulkorb – das ist schließlich Freiheitsberaubung. Das ist doch was für den Tierschutzverein.

Aber das reicht mir nicht. Das ist viel zu harmlos. Nein, sage ich, man muss das Gerücht in Umlauf bringen, er wolle unsere Hunde vergiften. Und dann einen Riesenwirbel in der Presse machen. Man müsse so eine Vergiftung fingieren und ihm belastendes Material unterschieben.

Wie fingieren, fragt Herr Niedel. Na ja, sage ich, wir könnten ein Mettbrötchen vergiften und damit auf die Polizeiwache gehen und sagen, der KP habe es ausgelegt. Wir hätten es gesehen.

Ob man uns das glauben würde, das sei doch sehr fraglich, meint Franzi. Schließlich seien fast alle von uns inzwischen aktenkundig. Viel besser sei es doch, ihn in flagranti zu erwischen.

Und Franzi hat auch schon einen Plan. Einen schlichten, aber effektiven: Mettbrötchen präparieren, auf der Parkbank auslegen, Schmiere stehen bis der KP kommt, über Handy die Polizei rufen. Dann wären wir ihn los, für alle Zeiten.

Nun, das klingt vernünftig. Das lässt sich machen, da sind wir uns einig.

Die Sache mit dem Gift ist kein Problem, denn Herr Zwickel hat noch E 605 eingelagert, aus früheren Zeiten. Soviel ich weiß, darf man das heute gar nicht mehr. Aber, wie gesagt, dank Herrn Zwickels Vorratshaltung ist der Köder schnell fertig. Und solange wir auf der Lauer liegen und aufpassen, kommt keines unserer Tiere in Gefahr. Besonders, da der KP meist um die gleiche Zeit auftaucht – so um zwölf herum.

Sieben Mann hoch postieren wir uns. Herr Zwickel und Frau Nimmernicht im Süden, Herr Niedel und Frau Kretschmar im Norden, Herr Bersenbeck im Westen, Franzi und ich hinter den Büschen im Osten. Das heißt, wir zwei sind am nächsten dran. Das ist kein Risiko, weil der KP uns noch nie gesehen hat.

Da kommt er, flüstert Franzi. Ein Lackaffe, stelle ich sofort fest. Der hat den Beruf wohl wegen der Uniform gewählt.

Der KP nähert sich der Kaisen-Bank. Es ist sonnig heute, und für die Jahreszeit recht mild. Ein selten schöner Tag. Denkt auch der KP, denn er setzt sich jetzt auf die Bank. Will wohl seine Urlaubsbräune, die bis zu uns herüber scheint, pflegen.

Ja, und nun fängt er an, sich für das Mettbrötchen zu interessieren, das da liegt. Während er danach greift, ziehe ich mein Handy aus der Tasche und wähle. Dabei sehe ich aus dem Augenwinkel, wie er das Brötchen aufklappt und inspiziert. Franzi hat es besonders dick bestrichen, mindestens einhundertfünfzig Gramm hat sie draufgehäuft. Auf beide Seiten gleichmäßig verteilt.

Die 110 leuchtet nun auf dem Display auf, das Telefon beginnt zu tuten. Der KP hält das Brötchen jetzt in beiden Händen. *Ja, bitte?*, höre ich eine männliche Stimme am anderen Ende der Leitung fragen. Er klappt es auf. *Hallo, wer ist denn da?* Er führt es langsam zur Nase. *Hallo?* Er riecht daran. Riecht noch mal. Riecht ein drittes Mal. Tja, und dann beißt er hinein.

Nachtzug

Sie waren sich von Anfang an einig gewesen, wie jedes Jahr. Und wie jedes Jahr hatten sie alle Möglichkeiten ausgelotet: Durchschnittstemperaturen und Niederschlagsmengen ermittelt, Hotelkategorien durchdekliniert, Konzertprogramme geprüft, Kosten und Nutzen abgewogen, bevor sie sich entschieden hatten. Ja, und er hatte sich wirklich gefreut. Bis kurz vorher. Da erst war ihm zu Bewusstsein gekommen, dass er viel lieber daheim geblieben wäre, gemütlich in seinen vier Wänden, dass er viel lieber Ungeordnetes geordnet, Ungelesenes gelesen, Unerhörtes gehört hätte. Aber nun war es zu spät. Mitgegangen, mitgefangen.

Was er völlig verdrängt hatte, war jenes kaum merkliche Unbehagen, das ihm unters Jackett gekrochen war, als er das Wort ›Nachtzug‹ zum ersten Mal gehört hatte. Warum nicht mit dem Flieger, bei über tausend Kilometern, so hatte er damals gedacht. Doch bevor er die Frage aufwerfen, auf den Tisch werfen konnte, um den sie alle saßen, waren schon sämtliche Vorzüge dieses Reisemittels aufgetischt worden. Es fielen Begriffe wie ›Orientexpress‹, ›Glacier Express‹ und ›Flying Scotsman‹. Die ›Transsibirische Eisenbahn‹ allerdings blieb unerwähnt. Ebenso, dass der Zug, den sie im Auge hatten, trotz seines flirrenden Namens – ›Donausilber‹ – mit den genannten Größen nicht würde mithalten können.

Immerhin war es nicht der Nachtzug nach Lissabon, sagte er sich, das wäre mehr als die doppelte Strecke gewesen. Und diese Reise hatte ja bekanntlich ein anderer unternommen. Also begann er halbherzig zu packen, stapelte Unterwäsche auf Unterwäsche, Oberhemd auf Oberhemd, schwarzes Sakko auf taubengraue Hose, silvestertaugliche Fliege auf karmesinkühne Krawatte. Legte polierte Slipper neben deftiges Rillenprofil – wohlumhüllt, versteht sich – und stopfte Löcher mit Socken verschiedener Güte, bevor er den Koffer zusammenpresste. Schlaf- und Waschzeug kamen ins Handgepäck, ebenso die leinengebundene Lektüre: Ein fulminanter neuer Roman, der Renner des Jahres, der die Uckermark zum Nabel der Welt machte. Und vorsichtshalber der (oder das?) neue Kindle, *Paperwhite*. Man konnte ja nie wissen.

Dass man nie wissen konnte, war wohl wahr: Der Bus hatte Verspätung. Man rannte, stolperte, hastete, das andere Pärchen würde am Treffpunkt schon mit den Füßen scharren. *Hab ich's nicht gleich gesagt? Wir hätten den früheren nehmen müssen, Schatz.* Schrill klang der Schatz in seinen Ohren, die sofort zu klingeln begannen. Sie klingelten noch stärker, als der Pfiff an Gleis 7 ertönte, während die schwere Waggontür knapp hinter ihnen zuklappte. Es war der falsche Wagen, der Eile geschuldet, und nun begann mühsam beladenes Pilgern durch verstellte Korridore, was ein Gefühl der Enge in die Brust trieb. Doch schließlich war man am Ziel, mit Schweißperlen über der Lippe und feuchten Achseln. Nur der Herr mit den ungläubig dicken Brillengläsern musste noch ins Nachbarabteil geleitet werden, denn nein, dies war weder sein Sitz- noch sein Schlafplatz.

Die ersten beiden Stunden waren kein Problem. Noch saßen alle, noch kreiste die Rotweinflasche, noch wurden Witze gerissen und Erwartungen von Sitz zu Sitz jongliert. Erst als das gleichförmige Surren und Schnurren der Räder das eine oder andere Auge träge werden ließ, begann man über die Verteilung der Kojen zu sinnieren. Da wurde er hellwach. Er wollte, nein, er musste eine der unteren haben. Wegen der Blase. Aber das galt plötzlich auch für Wilfried. Auf einmal. Bisher hatte sich der Freund stets damit gebrüstet, das noch nicht nötig zu haben. Die beiden Frauen schauten einander an und zuckten die Schultern. Egal. Beide waren gelenkig genug. Auch, um sich dort oben aus ihren Jeans heraus- und in ihre Jogginganzüge hineinzuschälen.

Er griff in die Reisetasche und kramte seinen Biervorrat hervor. Wortlos reichte er Wilfried eine Dose. *Na dann Prost.* Die Frauen waren inzwischen verstummt, sodass das Bundesliga-Geplänkel sehr gedämpft vonstatten gehen musste. Nach dem letzten Desaster von Dortmund und dem letzten Pils begann auch Wilfried zu gähnen. Ob er denn gar nicht müde sei? Nun ja, schon. Ein bisschen vielleicht.

Während der Freund die Koje gegenüber richtete, zog er sein Buch heraus und begann zu lesen. Doch schon nach wenigen Minuten begannen Schnarchtöne seine Romanfiguren aus den Seiten zu katapultieren. Schwere Augenlider brachten die Buchstaben zum Tanzen, ließen sie groß und klein werden, in Strichen und Punkten auf und ab hüpfen und sich schließlich auflösen. Nein, es ging nicht mehr. Nicht mit dem Sehen und nicht mit dem Sitzen. Bleiern lag die Uckermark in seiner Hand, spitz durchbohrte das Steißbein die Haut. Seine Gedanken wanderten zu einem Ohrensessel mit wollwarmem Plaid und LED-Leselampe. Und zu Kater Nietzsche.

Er legte das Buch zur Seite und begann, sich nachtfein zu machen. Kuschelte sich in seiner ausgeleierten Trainingshose in eine Koje, wo es nichts zu kuscheln gab. Auch seine Lendenwirbelsäule fühlte sich ausgeleiert an, die fünf Segmente schienen sich abwechselnd zu vereinzeln und dann wieder bretthart zu verkleben. Stöhnend drehte er sich in die stabile Seitenlage, die jedoch alles andere als stabil war. Immer wieder spürte er ein Bein im freien Fall, einen Arm entweder sich selbst umschlingend oder von kalter Plastik umhüllt, bis schließlich ein unvermittelter Halt seinen Hinterkopf gegen die Schalenverkleidung der Abteilwand donnern ließ. Genau so hatte er sich das vorgestellt. Genau das hatte er befürchtet. Warum hatten sie nicht den Flieger genommen? Ach was – warum war er nicht zu Hause geblieben?

Mühsam wälzte er sich auf den Rücken und versank in meuchelmörderische Gedanken. Er knöpfte sich Wilfried vor. Wilfried war derjenige gewesen, der diese wahnwitzige Idee ausgebrütet hatte. Der nicht nur Gesa, sondern auch Ingelore mit flinker Zunge davon überzeugt hatte, dass ein Nachtzug das *non plus ultra* sei, der *dernier cri*, dass nur Herdentiere flögen, die *cattle class* eben, der *mainstream*, und das wollte man doch nicht, *n'est-ce pas*? Ha! Wilfrieds multilinguales

Getue war ihm schon lange auf den Geist gegangen. Er packte Wilfried am Kragen und schüttelte ihn, bis dessen Klamotten schlotterten, bis sie schlotternd über die Hüften rutschten und zu Boden fielen. Schon wähnte er sich als Sieger, als plötzlich – wie aus dem Nichts – ein Koloss auftauchte, ein Koloss, der auf und nieder Orson Welles glich. Und genauso plötzlich jagten sie durch die Wiener Kanalisation, hasteten von einem Kontrollschacht zum anderen, gerieten von einem stinkenden Kanal in den nächsten, bis ihnen das Wasser bis zum Hals stand.

Er muss, verdammt noch mal, er muss pinkeln, und das Wasser steht ihm bis zum Hals.

Mit schlaftrunkenen Beinen rutschte er über die Kante der Koje und in seine Schuhe. Er schaute sich um. Die anderen rührten sich nicht. Sie lagen wie einbetoniert in ihren kleinen Särgen. Er zog sein Jackett über, öffnete lautlos die Schiebetür und schlich hinaus. Verhaltenen Schritts arbeitete er sich seinem Ziel entgegen. Aber dort – ein rotes Besetztzeichen. Er wartete eine gefühlte Ewigkeit, doch nichts geschah. Unschlüssig trat er von einem Fuß auf den anderen, ohne den Blick von dem Drehschild zu lassen. Schließlich wandte er sich in die entgegengesetzte Richtung. Trippelte an herabgelassenen Rollos vorbei und öffnete die nächste Schiebetür. Wieder rot. Er begann zu schwitzen. Weiter. So schnell er in seiner prekären Lage konnte, eilte er über hin und her schlingernde Verbindungsglieder in den nächsten Waggon, der kein Schlafwagen mehr war. Vorbei an Nachtgesichtern, die über zusammengesunkenen Oberkörpern mal nach rechts, mal nach links gekippt waren, vorbei an sperrigen Koffern und sperrigen Gestalten auf sperrigen Koffern. Und immer noch weiter und ab durch die nächste Schiebetür.

Da, endlich, am Ende des Ganges – ein hoffnungsvolles Grün. Doch dann ein Ruck, und der Zug kam zum Stehen. Großen…iesen…andertal Hauptbahnhof … …andertal Hauptbahnhof … Sie haben Anschluss nach Alten… auf Gleis 3 um null Uhr siebenund… Reisende nach Brmm… mindestens eine halbe Stunde … bitten um Geduld … Der Zug wird hier … Fahrplanmäßige Abfahrt …

In seiner Not hatte er nicht bemerkt, wie der Zug langsamer geworden, wie auf einmal beleuchtete Wohnungen durch die Dunkelheit geflogen waren, wie sich der nächste Halt angekündigt hatte. Ja, und nun standen sie, fahrplanmäßig, in einem unverständlich vielsilbigen Bahnhof, und eigentlich sollte man in Bahnhöfen nicht pinkeln. Aber das war ihm jetzt egal. Er musste nur noch die vier, fünf Leute vor sich aussteigen lassen, und dann, ja, dann …

Dann war es endlich soweit. Seine ganze Erleichterung rauschte durch das zugige Loch. Warum konnten die keine vernünftigen Bordtoiletten zustande bringen? Wie war das wohl im ›Flying Scotsman‹ oder im ›Blue Train‹? Er würde nachforschen, er würde das googeln, wenn er wieder zuhause war. Und er würde eine Eingabe machen. Schließlich waren sie im 21. Jahrhundert, da konnte man doch moderne Technik erwarten. Es musste ja nicht gleich ein Colani-Becken sein.

Seine Überlegungen wurden jäh unterbrochen. Ein Rums, und er begann hin- und herzuschwanken. Ihm wurde flau im Magen. Kein Wunder. Zu viel Alkohol, zu wenig Schlaf. Er beugte sich über das Waschbecken und tränkte hastig ein Bündel Handtücher aus schmutzgrauem Recyclingpapier im dürftig fließenden Kaltwasser. Er presste es gegen Stirn und Schläfen, wischte sich über die Augen und den Mund und blickte in den Spiegel. Er sah schrecklich aus. Ihm wurde noch schlechter. Aber es half nichts, er musste zurück. Er zurrte die Trainingshose fest, öffnete die Tür und machte ein paar Schritte vorwärts. Einen Moment lang drehte sich alles um ihn. Er fasste nach dem Türgriff links vor ihm und stolperte ins nächste Abteil. Alles leer, Gott sei Dank. Erschöpft sank er auf den Mittelsitz.

Draußen auf dem Gang war es erstaunlich ruhig. Nun ja, nachtschlafende Zeit eben. Aber dass sie immer noch in diesem Bahnhof standen, in Großen-Irgendwas-Neandertal, das war schon komisch. Obwohl man sich bei der Deutschen Bahn eigentlich über nichts mehr wundern sollte.

Die Übelkeit hatte inzwischen nachgelassen. Er sollte sich auf den Rückweg machen, schließlich konnte er nicht ewig hier sitzen bleiben. Vorsichtig erhob er sich und trat auf den Korridor.

Die meisten Abteile, an denen er nun vorbei kam, waren mit Rollos verdunkelt, und dort, wo nicht, sah er müde Figuren hängen. Er ging weiter, öffnete Schiebetür um Schiebetür, um endlich in seinen Schlafwagen zu gelangen. Plötzlich vor ihm – blankes, dunkles Nichts.

Ende des Zuges. Verblüfft starrte er in die Nacht. Dann sah er aus der Ferne kleine Pünktchen auf sich zukommen, Pünktchen, die langsam größer und leuchtender wurden. Die Augen einer Lok. Während er noch überlegte, was das bedeutete, fiel sein Blick auf das Schild an der Wand. *Leipzig. Über Fulda – Bad Hersfeld – Erfurt.*

Abgehängt. Sie hatten ihn abgehängt. Während die anderen sich gen Süden schliefen, stand er hier in seiner ältesten Jogginghose, ohne Gepäck, ohne Ticket, ohne Handy und mit flauem Magen. Das war der Supergau.

Aber – er kratzte sich am Kopf – war es das wirklich? Immerhin hatte er noch seine Brieftasche im Jackett. Und wenn er es richtig bedachte, hatte er ja gar nicht nach Süden gewollt, schon gar nicht mit Gesa und Wilfried. Allerdings wollte er auch nicht nach Leipzig. Er dachte an seinen Ohrensessel mit dem warmwollenen Plaid und der LED-Leselampe. Und an Nietzsche, der von Frau Büssenschütt wahrscheinlich halb zu Tode gefüttert wurde. Kurz entschlossen öffnete er die Tür zum Bahnsteig und kletterte aus dem Zug.

Flussabwärts

Sie stieg aus, hängte sich die Leine um den Hals und schloss den Wagen ab. Es war noch ruhig, niemand weit und breit. Normalerweise tobten hier so viele schwarze und weiße und scheckige Hunde herum, dass einem Nicht-Hundebesitzer angst und bange werden konnte.

Für die meisten war es wohl noch zu früh. Bestimmt lagen sie unter weichen Daunen, warm aneinander gepresst, im Doppelbett. Oder saßen am sonntäglichen Frühstückstisch, mit Kindern und Kuchen und Keksen. Vor der einen Kerze, die sie heute angesteckt hatten.

Bei ihr gab es dieses Jahr keinen Adventskranz. Es war das erste Mal, dass sie keinen gekauft hatte.

Sie stiefelte los, hinunter zum Fluss, vorbei an den Schrebergärten, wo Planen über sperrige Gartenbänke gezurrt und Blumenkübel aufeinander gestapelt waren – winterfest gemacht. Oder auch nicht: hier ein zersprungener Terrakottatopf, da eine umgekippte Obstkiste, dort drüben ein Rechen im vermoderten Laub. Irgendwann einmal – es musste mindestens fünfzehn Jahre her sein – hatten sie eine Parzelle erwerben wollen. Aber dann war Hans so unglücklich gestürzt, dass er sich die Hüfte gebrochen hatte.

Sie bog um die Ecke und prallte fast gegen einen Jogger. *Verdammt noch mal, können Sie nicht aufpassen? Oh, Entschuldigung.* Sie beschleunigte, obwohl ihr das mit ihrem schmerzenden Knie schwer fiel. Schade, dass sie nicht mehr laufen konnte. Das Laufen hatte ihr noch ein bisschen Auftrieb gegeben. Immerhin ging sie jetzt so zügig, dass sie nach zwanzig Minuten außer Puste war. Aber sie wollte durchhalten, wenigstens bis zu der Bank an der nächsten Wegbiegung.

Eigentlich war es zu kühl, um lange zu sitzen. Doch der Blick auf den grauen Fluss nagelte sie fest. Minute um Minute schaute sie zu, wie sich das Wasser ruhig und stetig dem Meer zu bewegte. Ablaufendes Wasser.

Ein Pärchen kam vorbei, eng umschlungen. Die junge Frau strahlte den jungen Mann an, er streichelte ihr über die Wange. Die beiden bemerkten sie nicht. Wie kalt das Wasser wohl war? Die Luft musste so um die sechs Grad haben. War das Wasser nun kälter oder gleich warm? Sie wusste es nicht. Aber es spielte auch keine Rolle.

Mit einem Mal wurde es deutlich windiger. Sie begann zu frieren. Trotzdem brachte sie es nicht fertig, sich loszureißen. Ein Vater mit Kinderkarre tauchte vor ihr auf, neben ihm ein kleiner Junge, er mochte so an die fünf Jahre alt sein, der mit einem Drachen kämpfte. *Papi, Papi, ich kann ihn nicht mehr halten. Lass ihn ja nicht los, Philipp, sonst ist er weg.*

So war das. Erst die Kinder, dann die Enkel. Keine Kinder, keine Enkel. Lange spielte sie mit der Hundeleine herum. Schließlich stand sie auf und ging weiter flussabwärts. Eine Frau mit einem Golden Retriever kam ihr entgegen. Ihre Blicke trafen sich. Klare graue Augen, lächelnde Augen. *Wo haben Sie denn Ihren Hund gelassen?* Sie zuckte nur die Schultern und ging an der Frau vorbei. Dann wandte sie sich nach links zur Böschung hin. Äste streiften ihr Gesicht, aber das machte nichts. Sie bog sie, so gut es ging, beiseite und zwängte, drängte sich durch das Gestrüpp, hinunter zum Fluss.

Bobo

Da lag sie – meine Weihnachtsüberraschung. Sie war zehn Wochen alt, hatte ein grauweißes Babyfell und eisblaue Augen. Ein sibirischer Husky-Welpe.

Es hatte seit Ewigkeiten keinen Hund mehr in meinem Leben gegeben. Genauer gesagt, seit ich fünf war. Leider. Dabei bin ich doch so tierlieb. Ich hätte nur allzu gerne wieder einen gehabt, nachdem Bobo aus dem Haus war. Der gute Bobo. Aber Mama und Papa waren damals unerbittlich gewesen. *Nein, nein, nie und nimmer. Nicht nach dem, was passiert ist.* Und später, nach Papas Tod, hatte ich so viel anderes im Kopf, dass ich gar nicht mehr dran dachte, mir einen anzuschaffen.

Bobo war eine Seele von Hund gewesen. Ein Berner Sennenhund wie aus dem Bilderbuch, mit langem weichem Fell, das ich immer bürsten durfte. Bobo war schwarz mit weißer Blesse, weißer Brust und weißer Schwanzspitze. Er hatte lohfarbene Abzeichen an den Läufen und über den Augen, ›Black and Tan‹ oder wie das heißt. Papa hatte ihn von einem Züchter aus Appenzell, der mit seinen Tieren auf Ausstellungen dauernd die Preise abräumte. Bobo wäre bestimmt auch preisverdächtig gewesen mit seinen gut sechzig Kilo. Lauter Muskeln, wirklich, lauter Muskeln, und kein Gramm Fett zu viel. Ich wiege jetzt achtundvierzig Kilo, da kann man sich vorstellen, was für ein Kaliber Bobo war.

Aber wir brauchten keinen Hund für Ausstellungen oder zum Züchten, nein, Papa wollte einen kinderlieben, familienfreundlichen Hund. Und das war Bobo nun wirklich: gutmütig, friedlich, anhänglich, treu. Ich liebte Bobo abgöttisch, fast genau so sehr wie Mama und Papa. Und auf jeden Fall mehr als Charlotte.

Charlotte. Charlotte war meine Zwillingsschwester gewesen. Emily und Charlotte, nach den berühmten Brontë-Schwestern. Mama war ein Brontë-Fan gewesen, sie hatte alle Romane verschlungen, von *Jane Eyre* bis zu *Sturmhöhe*. Mama war überhaupt sehr belesen gewesen. Also Emily und Charlotte Hohler, eineiige Zwillinge, ich ein paar Minuten jünger und wohl auch etwas kleiner, aber schon bei der Geburt viel lebhafter. Mehr sturmhöhenmäßig. Ansonsten glichen wir uns wie – tja, wie ein Ei dem anderen.

Eine Zwillingsschwester zu haben, ist eine Strafe Gottes. Besonders so eine wie Charlotte. Charlotte war von Anfang an ein Vorzeigekind, ein liebenswertes kleines Mädchen, ich dagegen völlig unberechenbar. Charlotte immer eitel Sonnenschein, ich launisch und oft sogar ein recht zorniger Zwerg. Charlotte machte nie etwas falsch – ich alles. Einmal hörte ich Mama zu Papa sagen, ich sei *sehr eigenartig*, so gar nicht wie Charlotte. Dabei sah ich immer mich selbst, wenn ich Charlotte anschaute. Es war schon komisch.

Ich habe damals wirklich nicht verstanden, warum Bobo aus dem Haus musste. Er konnte doch nichts dafür, er hatte es doch nur gut gemeint. Und mir hatte er sogar einen Gefallen getan. Aber meine Eltern sahen das anders. Bei Charlottes Beerdigung heulte ich Rotz und Wasser, aber nicht wegen Charlotte, sondern weil sie Bobo weggegeben hatten.

Irgendwie schienen sie es auch mir übel zu nehmen. Als ob ich schuld gewesen wäre. Eine Zeit lang dachte ich, es war ein Wunder, dass sie nicht auch mich weggegeben hatten.

Später habe ich Bobo noch öfter besucht. Die Apothekerin aus dem Nachbardorf hatte ihn zu sich genommen. Sie hatte zwar schon einen Rauhaardackel, doch sie wollte noch einen zweiten, größeren Hund. Bobo war zwar kein Wachhund, aber immerhin ein Hütehund, der schon durch seine Statur Eindruck machte. Auf jeden Fall hatte sie sich sofort in ihn verliebt. Und so lag Bobo dann jahrelang mit dem Rauhaardackel friedlich unter der Ladentheke.

So friedlich, wie er auf der fünfjährigen hochfiebrigen Charlotte gelegen hatte, die in ihrem Bettchen mit Husten und Schnupfen und ihrem Asthma kämpfte. Das Asthma hatte sie von Mama, ich hab's zum Glück nicht geerbt. Also, ich hatte ja nur mal nach Charlotte schauen wollen, ich und Bobo. Und Bobo war natürlich begeistert gewesen, denn er liebte Betten. Er war mit einem Riesensatz auf Charlotte gesprungen und hatte sie geleckt und gedrückt, bis sie zu atmen aufhörte. Dass ich ihn nicht runtergezogen hatte, kann man mir wirklich nicht vorwerfen. Wie hätt ich's denn machen sollen? Wie hätte ich den Riesenhund von ihr runter kriegen sollen? Ich, die ich doch viel kleiner und schwächer war? Außerdem – wahrscheinlich wäre Charlotte sowieso gestorben.

Susanna im Bade

Ich bade wieder öfter. In den letzten zwanzig Jahren hab ich kaum gebadet. Wenn's hoch kommt, waren es fünf, sechs Mal, mehr nicht. Eigentlich nur dann, wenn ich erkältet war, und das kommt selten vor. Oder wenn ich gefroren habe. Ansonsten dusche ich. Ja, ich bin der absolute Duschtyp, da werde ich morgens erst so richtig wach. Und es geht schnell, ruckzuck und du bist fertig. Deshalb hat es mich immer wieder gewurmt, dass ich mich damals für eine Badewanne entschieden habe, für eine mit integrierter Dusche, so zum Einsteigen, weil kein Platz war. Dabei wäre es wirklich klüger gewesen, es anders herum zu machen, eine schöne große Dusche einzubauen, besonders, wenn man ans Alter denkt. Wenn man nicht mehr über den Wannenrand kommt. Aber, wie gesagt, jetzt bade ich ja wieder öfter.

Um ehrlich zu sein, ich bade jetzt fast jeden Tag. Wegen der Rückenschmerzen. Die hab ich nämlich, seit ich auf der neuen Matratze schlafe. Auf der Einsvierziger, Härtegrad 2. Aus dem Bettenhaus Federland. Bei Ihrem Gewicht, na, was wiegen Sie wohl, so an die fünfundfünfzig Kilo … Siebenundfünfzig, werfe ich ein, manchmal achtundfünfzig … Also bei Ihrem Gewicht ist Härtegrad 2 exakt richtig. Ex-akt. Ich kriege aber gerne Rückenschmerzen, wende ich ein. Von gerne kann natürlich nicht die Rede sein, unser Sprachgebrauch ist manchmal himmelschreiend. Also davon ist man abgekommen, vom Hartschlafen, gerade bei Rückenschmerzen. Ergometrische Studien belegen das eindeutig. Ein-deutig. Aber ich schlafe auf Härtegrad 3 echt besser, versuche ich es erneut. Ich hab das nämlich ausprobiert, wirklich. Also da liegen Sie völlig falsch … Nein, wehre ich mich verzweifelt, da liege ich genau richtig … Also, Härtegrad 2 ist absolut richtig für Sie, ex-akt richtig, Sie haben es ja noch gar nicht ausprobiert. Und unsere Matratzen sind nach neuesten Erkenntnissen gefertigt. Mit der körperfreundlichen Einsinkkuhle.

Ich will aber nicht einsinken, ich will ... Glauben Sie mir, gute Frau, ich weiß, wovon ich rede. Schließlich verkaufe ich diese Matratzen jeden Tag. Je-den Tag. Ich bin nicht Ihre gute Frau, liegt mir auf der Zunge, aber ich traue mich nicht. Ich traue mich auch nicht zu fragen, wie das dann mit zusätzlichen achtzig, neunzig Kilo ist, die eine oder andere Nacht. Sonst denkt der womöglich ... Nein, bloß nicht. Außerdem ist dieses Material äußerst umweltfreundlich, äu-ßerst umweltfreundlich. Wie kann denn eine Matratze umweltfreundlich sein, frage ich verdutzt. Na, bei der Entsorgung natürlich. Und das sollte doch den Ausschlag geben, heutzutage, die Umweltfreundlichkeit, nicht wahr. Jetzt hat er mich natürlich, schließlich hab ich bei der Europawahl grün gewählt. Aber eigentlich dachte ich im Moment erst mal ans Kaufen und nicht ans Entsorgen. Sie können überhaupt nichts falsch machen, ü-ber-haupt nichts, Sie werden es mir danken, sagt er und drückt mir den Kugelschreiber in die Hand. Hier unten rechts, bitte. Und dort noch einmal.

Wie gesagt, seit ich diese Rückenschmerzen habe, bade ich wirklich fast jeden Tag. Besonders, seit auch noch diese Unterleibsschmerzen dazu gekommen sind. Zuerst war ich ja bei der Frauenärztin, weil ich dachte, es sei etwas Gynäkologisches. War's aber nicht, Gott sei Dank. Dann bei der Darmspiegelung, aber auch diese Tortur war umsonst. Immerhin weiß ich jetzt, wie's da drinnen aussieht. Nein, die banale Wahrheit ist, dass es von der blöden Matratze kommt.

Aber dass ich jetzt fast immer in der Wanne liege, hat noch einen anderen Grund. Es hat mit dem Duschkopf zu tun, den ich vor einem Monat im Baumarkt gekauft habe. Ich hab mir nämlich einen Sparduschkopf angeschafft, diesmal ohne Verkäufer. Ganz ohne fachliche Beratung. Wichtig war natürlich die Farbe. Damit das Ding auch in mein blauweißes Bad passt. Und damit war die Auswahl schon ein bisschen geschrumpft. Was zum Schluss übrig blieb, waren eigentlich gerade mal zwei Modelle. Ein monumentaler Wellness-Duschkopf, ein ganz fantastisches Teil, wirklich. Unter dem hätte ich nicht so herumtanzen müssen, um nass zu werden. Allerdings, und das hatte mir

Sorgen gemacht, allerdings wäre das für das Hundchen zu viel gewesen, viel zu viel Wasser für das zarte Geschöpf. Wo es doch ohnehin nicht gerne badet. Tja, und dann war da noch der Sparduschkopf gewesen, der kam von der Farbe her auch hin. Sie sparen bis zu 1.000 Liter Wasser im Jahr, hieß es in der Werbung. Oder waren es 10.000? Mit den Nullen hab ich so meine Schwierigkeiten. Wie auch immer – von Öko-Test mit ›Sehr gut‹ bewertet. Es war mir echt schwergefallen, mich zu entscheiden. Wie gerne hätte ich mich jeden Morgen unter die Wellness-Dusche gestellt, mein Gott, wär das schön gewesen. Auf der anderen Seite der Hund und die 1.000 oder gar 10.000 Liter.

Es waren die zigtausend Liter gewesen, die letzten Endes den Ausschlag gegeben hatten. Und zwar nicht nur wegen der Ökologie. Nein, auch – ach was, *besonders* wegen des Geldes. Da würde ich nämlich echt sparen. Bei einem Wasserpreis von … nein, ich weiß den aktuellen Preis immer noch nicht … auf jeden Fall würde ich in einem Jahr massig sparen. Schon nach einem Vierteljahr müsste sich das Ding rentiert haben. Also warte ich jetzt auf die Quartalsabrechnung. Ich bin mal gespannt.

Allerdings, wie gesagt, seit ich den Ökoduschkopf habe, bade ich wieder öfter.

Konsonanten und Bässe

Bitte keine Fragen aus dem Publikum. Nein, das kann ich nicht sagen, das geht nicht. Fragen aus dem Publikum bitte an den Moderator. Ja, das geht. Und nun fragen Sie sich, warum? Ich versuche es Ihnen zu erklären.

Eigentlich fing es schon vor vielen Jahren an, und zuerst maß ich der Sache keine Bedeutung bei. Zuerst hielt ich es für ein seltsames und einmaliges Phänomen.

Ich stand in der Küche und schnippelte mein Suppengrün, wobei wie immer das Radio lief. Es dudelte und dudelte, bis der Nachrichtengong ertönte. Das Neueste aus Deutschland und der Welt. Ich hörte mit halbem Ohr hin – innenpolitisch tobte der Wahlkampf, außenpolitisch der Irak-Krieg. Das Übliche eben, das politische Tagesgeschäft. Plötzlich sagte der Nachrichtensprecher einen unfasslichen Satz. Ein schwarzer Neger kandidiere für das Gouverneursamt von Kalifornien. Mir fiel das Messer aus der Hand. Wie konnte in Zeiten der politischen *correctness* so etwas über den Äther gehen? Und zwar nicht über irgendeinen Piratensender, sondern über das Nordwestradio? (So hieß der Sender damals. Heute nennt er sich Bremen Zwei.) Ich hatte mich noch nicht von meinem Schock erholt, da fuhr die Stimme fort: Erstmals sei es ein Austro-Amerikaner, der sich um das Amt bewerbe. Ein Austro-Amerikaner? Es dauerte eine Weile, bis mir dämmerte, was das ist. Und bis mir dämmerte, *wer* das ist. Arnold Schwarzenegger. Ich kicherte. Das Kichern wurde zum Prusten. Schließlich lachte ich, was das Zeug hielt.

Ich lachte auch noch Jahre später, als einer meiner Geburtstagsgäste mich fragte, wo ich meine Gläser gekauft hätte. Ich wunderte mich zwar, dass sich ein Mann für Gläser interessiert, ich hätte eher gedacht, auf deren Inhalt käme es ihm an, aber ich gab bereitwillig Auskunft. Und fügte hinzu: Sie sind sogar spülmaschinenfest. Nun schaute er mich an, als ob ich von einem anderen Stern käme. Seit wann sei Käse spülmaschinenfest?

Es sind vor allem die Konsonanten, die mir zunehmend Schwierigkeiten machen. Aber noch nahm ich die Sache mit Humor. Erst als mein bester Freund mir zum Geburtstag David Lodges *Deaf Sentence* schenkte – weil ich doch in letzter Zeit kaum mehr fernsehen und viel mehr lesen würde und weil das Thema doch sehr passend wäre, da dachte ich: Nun wird es ernst.

Der funktionslose Fernseher ist inzwischen abgeschafft, aber das ist keine Ersparnis – nicht, seit jeder Haushalt Gebühren zahlen muss, egal, was drin steht. Auch die große Radioanlage spielt nicht mehr, denn da sind es die Bässe, die mir zu schaffen machen. Nur das kleine blecherne Küchenradio dudelt noch vor sich hin. Tja, und gestern hörte ich dort in den Nachrichten etwas ganz Furchtbares, und das war so furchtbar, dass ich sofort wusste, dass meinen Ohren nun gar nicht mehr zu trauen ist. Den korrekten Text erfuhr ich dann eine Stunde später, als ich mich von absolut gar nichts ablenken ließ und all meine Sinne auf den Sprecher ausrichtete. Der Text lautete: *Im Bundeskabinett ging es hoch her. Sie pöbelten in der zweiten Reihe.*

Bitte fragen Sie mich nicht, was ich verstanden habe. Und bitte auch keine Fragen an den Moderator diesbezüglich.

Das Klassentreffen

Der Anruf war aus der tiefsten Vergangenheit gekommen, aus der Tiefe von fünfzig Jahren. Britta hatte daran gedacht, das blonde Mathe-Ass, und ja, Britta hatte die Sache organisiert. Im Handumdrehen hatte sie sich von deren Euphorie anstecken lassen und zugesagt.

Jetzt merkte sie, wie unüberlegt das gewesen war. Alle Glieder schmerzten, und das nach erst zwei Stunden Fahrt. Sie hätte den Flieger nehmen sollen. Aber das wäre viel teurer gewesen. Nun musste sie die knapp tausend Kilometer durchstehen, besser gesagt, durchsitzen, mit kaputtem Rücken und sperrigem Gepäck. Und zu allem Überfluss auch noch mehrmals umsteigen.

Was sollte sie ihnen erzählen? Dass sie hoch hinaus gewollt hatte? Nun, alle hatten sie hoch hinaus gewollt, damals, als ihnen die Welt noch grenzenlos schien. In jenem Mai hatte sie noch keine Klausur vermasselt, noch keine Zweifel gehabt, ob die Paragrafenbüffelei das Richtige sei. Die Zweifel kamen erst später, zusammen mit einem Gott in Weiß. Doch der hatte graue Schläfen und noch eine andere Geliebte. Dass es dann mit der Medizin auch nicht klappte, war vorauszusehen. Aber das hatte niemand von ihnen mitbekommen, denn zu jenem Zeitpunkt waren die Kontakte längst abgerissen.

Anfangs hatte sie noch Verbindung zu Sigrid und Isolde gehabt. Sigrid, bei der ein IQ von über 150 festgestellt worden war und die später zugeben musste, dass sie die Tests gekannt hatte. Das Letzte, was sie von Sigrid gehört hatte, war die Geburt von Zwillingen. Mit Isolde verbanden sie einige schräge Kunsterlebnisse. Später wechselten sie noch Briefe, dann wurden aus Briefen Urlaubspostkarten und schließlich gingen nur noch lapidare Weihnachtsgrüße hin und her. Und irgendwann war Schluss. Sie wusste bis heute nicht, ob Isolde es je zu einer eigenen Ausstellung gebracht hatte.

Dann war da noch Gregor gewesen, der ihretwegen nach Marburg gekommen war. Gregor und die Geologie. Steine über Steine füllten damals ihr Regal. Erst als sie eines schönen Tages das ganze Geröll in den Bach kippte, begriff er, dass sie nichts von ihm wollte. Anders als bei Christoph. Von dem hatte sie mehr gewollt. Mehr als er von ihr. Für ihn eine nette kleine Affäre, für sie eine herzzerreißende Angelegenheit. Wie auch immer – heute war er in Harvard und wohl kurz vor dem Nobelpreis. Also, der würde niemals zum Klassentreffen kommen.

Hoch hinaus. Nun ja.

Draußen war es dunkel geworden. Sie blickte in das spiegelnde Fensterglas. Ob sie sich alle wiedererkennen würden? Gleich nach dem Anruf hatte sie das Abiturfoto hervorgekramt und den Gesichtern Namen gegeben, allerdings mit Mühe – und mit Hilfe der Namensliste, die Britta der Einladung beigefügt hatte. Und heute würde es noch schwieriger, womöglich sogar peinlich. Britta hatte sich dem Foto nach nicht sehr verändert. *Sehe aus wie damals, nur in alt*, lautete ihr trockener Kommentar zum E-Mail-Attachment. Eigentlich war es ein Glück, dass man nur bei den anderen merkte, wie sie älter wurden.

Etliche Namen hatte sie gegoogelt. Sie stieß auf zwei Anwältinnen und drei Ärztinnen, drei Manager und einen IT-Spezialisten. Ansonsten nur Adressen und Telefonnummern. Bei Christoph allerdings schossen Artikel wie Pilze aus dem Boden. Und Fotos. Ihn hätte sie nicht gleich wiedererkannt. Erst beim zweiten oder dritten Blick waren vertraute Augen zum Vorschein gekommen und der bekannte Spott in den Mundwinkeln. Nun, eine Schönheit war er noch nie gewesen. Er hatte andere Qualitäten gehabt. Und jetzt das. Ostküstenintellektueller.

Während er Karriere machte, hatte sie herumgemurkst – als Praktikantin, als Volontärin, als Mädchen für alles bei einer Provinzzeitung. Umwerfende Sachen: Feuerwehreinsatz in einer Kartonagenfabrik, Rinderprämierung in Meckelstedt, Landmaschinenausstellung, Schützenfest. Und dann – der Zirkus.

Drei Ehefrauen hatte Christoph verschlissen und sechs Kinder in die Welt gesetzt. Und nun jede Menge Enkel. Komisch, dass das alles im Netz stand, dass das Interesse an ihm so groß war.

Was sollte sie ihnen erzählen? Was wollte sie ihnen erzählen? Alles wäre anders gekommen, wenn. Sie öffnete die Handtasche und nahm Jonas' Foto heraus. Strich mit dem Zeigefinger über den Drei-Tage-Bart, der so schön gekratzt hatte. Bei den Vorstellungen allerdings war er immer glatt rasiert gewesen, die schulterlangen dunklen Haare fest zusammengebunden. Und sein ganzer Körper glänzte wie Gold. Muskulöses Gold.

Mutter hatte es das Herz gebrochen. Jonas war der Stein des Anstoßes geblieben, bis zum Schluss. Bis zum Schluss keine Geste der Versöhnung. Ihre Postkarten jedoch, aus Wien, Zürich, Amsterdam, Brügge und weiß Gott woher fand sie bei der Haushaltsauflösung nach Mutters Tod – in einer kleinen, stoffbespannten Schachtel, sorgfältig mit rotem Band verschnürt und nach Datum geordnet. Die letzte war vom 18. April 1984, vom Tivoli.

Hoch hinaus und tief gefallen. Das Motto eines Lebens.

Sie brausten nun schon fast fünf Stunden durch die Dunkelheit. Ab und zu Lichterketten, ab und zu Glühlämpchen. Eigentlich, dachte sie, dürfte sie gar nicht in diesem Zug sitzen. Sie griff nach dem Fahrplan. Bis Frankfurt waren es noch zwanzig Minuten, dann musste sie umsteigen. Von der Insel ans andere Ende der Republik. Das Ganze war töricht.

Die Insel. Sie hatte nur ein paar Tage bleiben wollen, doch aus Tagen waren Wochen geworden, dann Monate und schließlich Jahre. Ein paar schweigsame Freunde, die sich nicht für ihre verkorkste Lebensgeschichte interessierten, das Stricklädelchen, ein kleines Auskommen. Kein Zirkus. Das war alles, was sie brauchte. Hin und wieder schrieb sie eine Geschichte, die sie bei der einen oder anderen Zeitschrift unterbrachte. Von dem Zeilenhonorar gönnte sie sich dann eine besondere Mohair-Wolle, für die extravaganten Touristinnen. Ihre Erzählungen kreisten um Mütter und Töchter und Männer und Frauen, in allen Variationen. Die letzte Vorstellung hatte sie jedoch immer ausgespart.

Britta hatte von einer Überraschung gesprochen. Aber was sollte sie nach diesen fünfzig Jahren noch überraschen?

Der Zug verlangsamte die Fahrt. Eine weibliche Stimme verkündete: *In Kürze erreichen wir Frankfurt.* Sie schaute noch einmal auf ihre Reisedaten. Ankunft 21 Uhr 52 auf Gleis 5, Abfahrt 22 Uhr 10 auf Gleis 6. Sie schlüpfte in ihre Jacke, stülpte die Mütze über und reckte sich, um den Koffer aus dem Gepäckfach zu hieven. Fast wäre er auf den jungen Mann gegenüber gefallen, der tief und fest schlief. Leise öffnete sie die Tür und schob sich hinaus.

Der Anschlusszug ließ auf sich warten. Einige wenige Passagiere gingen mit hochgezogenen Schultern am Bahnsteig auf und ab. Sie kramte ihren Schal aus dem Rucksack, schlang ihn um den Hals und vergrub die Finger in den Jackentaschen. Wer nahm schon Mitte April Handschuhe mit? Und was nahm sie da überhaupt auf sich?

Trotz der Uhrzeit waren etliche Leute im Speisewagen. Müde Gesichter, teils grau, teils vom Alkohol gerötet, paarweise oder allein. Um einen freien Platz zu ergattern, musste sie an mehreren Tischen vorbei. Da sah sie ihn. Sie blieb abrupt stehen. Immer noch stiernackig, immer noch mit diesem überheblichen Blick, immer noch XXL. Doch es war ein fremder Mann, der da saß. Der Fremde aus dem Netz. Erst als er zu lächeln begann, erkannte sie den alten jungen Christoph. Sie lächelte zurück, öffnete den Mund für ein törichtes Hallo. Doch schnell waren seine Augen weiter gewandert. Sie erstarrte. Das Lächeln hatte nicht ihr gegolten. Wie konnte es auch? Wie hätte er sie wiedererkennen sollen, nach all den Jahren? Ohne Google wäre auch sie an ihm vorbeigegangen. Mühsam löste sie sich aus der Erstarrung und ging weiter bis zum Tisch hinter ihm. Erst als sie saß, konnte sie sehen, wem das Lächeln gegolten hatte. Einer jungen Rothaarigen mit üppigen Locken und Rundungen. So rot und üppig wie sie selbst damals.

Er also war Brittas Überraschung. Eine schwache Sekunde lang war es eine schöne Überraschung gewesen. Aber nun? Der ganze Jammer von damals kroch den Hals empor und schnürte ihr die Luft ab. Zumindest für einen Augenblick. Dann winkte sie dem Ober und bestellte ein Glas Rotwein.

Schluck für Schluck wurde sie sich sicherer. Beim nächsten Halt würde sie aussteigen und zurückfahren, zurück auf die Insel. Sie wollte keine Höhenflüge beklatschen müssen, wie denjenigen Christophs. Sie wollte nicht zusehen, wie die anderen die Fotos ihrer Männer, Frauen, Kinder und Enkel zückten. Und sie wollte Jonas nicht wie beim Quartettspiel auf den Tisch blättern, weder sein Porträt mit dem Drei-Tage-Bart noch seinen goldenen Körper auf dem Hochseil, am Tage, bevor es riss.

Feinschmecker

Zwischen all dem Damast und Silber und den Kandelabern komme ich mir schon ein bisschen komisch vor. Normalerweise gehen wir kaum aus, Rosie und ich. Höchstens zum Griechen um die Ecke, wenn wir gerade gut bei Kasse sind, oder zu dem kleinen Italiener, bei dem man auch mal anschreiben lassen kann. Und jetzt das.

»Ist das nicht märchenhaft?«

»Na ja, es scheint nicht der beste Tisch zu sein, hier hinten. Außerdem – die Geräuschkulisse ist schon heftig.« Rosie wirft böse Blicke zum Nachbartisch hinüber.

»Die Speisekarte, *Mesdames*.« Ein professionell-gewinnendes Lächeln beugt sich über uns. »Ich hoffe, Sie fühlen sich nicht allzu sehr gestört. Aber dies waren leider die einzigen freien Plätze.«

»Haben die dort drüben etwa auch gewonnen?« fragt Rosie.

»Nein, nein, das sind die Juroren.«

»Von unserem Rezeptwettbewerb?«

»*Mon Dieu, non*. Das ist ein kleiner Restaurant-Test. Ein Probelauf für zwei Jungköche.« Diskret zieht sich das Lächeln zurück und überlässt uns der vornehmen Speisekarte.

Wir starren zum Nebentisch hinüber. Dass die mir nicht gleich aufgefallen sind. Klar, das ist doch Fernsehkoch Gernot Grünling, der immer samstagnachmittags im ZDF neue Rezepte ausprobiert – was manchmal schief geht. Und daneben die ARD-Konkurrenz, Arnie Adel, der für sein Schlosshotel einen Stern ergattert hat. Eitel, aufgeblasen, besserwisserisch. Bei dem nie etwas schief geht. Der gegenüber war auch schon öfter im Fernsehen. Aber der ist doch gar kein Koch, der ist doch Kommissar! Ja, natürlich, *Inspektor Finnley, der flinke Fuchs*. Und rechts von Adel der ältere Herr mit der geckigen Weste –

ist das nicht das Fallbeil? Das Fallbeil der Esskritik? Der gefürchtete …?

»Sag mal, Rosie, der mit der Weste, wie heißt der noch gleich?«

Doch Rosie interessiert sich nicht die Bohne für die geckige Weste. Sie hat nur Augen für Inspektor Finnley.

»Schau mal, Emma, da drüben, Leo Lord, der berühmte Leo Lord! Sieht der nicht super aus?«

»Ja …«

Aber er sieht nicht glücklich aus, so eingeklemmt zwischen zwei reifen Schönheiten. Die eine ist offensichtlich Fallbeils Ehefrau, den vertraulichen Gesten nach, die andere könnte Finnleys Mutter sein.

»Sie haben noch nicht gewählt?«

Wir schütteln beide den Kopf.

»Ist es Ihnen recht, wenn ich Ihnen ein schönes Menü zusammenstelle?«

Rosie zieht die Augenbrauen hoch, ich die Schultern. Doch dann lassen wir ihn gewähren. Und das ist eine gute Entscheidung.

Als *amuse gueule* kommen zwei in Cognac marinierte Thunfischscheibchen auf Couscous mit frischem Koriander, dann das sprichwörtlich samtweiche Krebssüppchen. Allerdings gibt es ein Haar in dem Süppchen. Am Nebentisch macht sich nämlich Fallbeil lauthals über das Wachtel-Confit her, das ein bleicher, schmalbrüstiger Jungkoch aufgetragen hat. Zu sauer, zu salzig, zu pfeffrig, zu weiß-Gottwas. Dann fängt er an, über die Froschschenkel des etwas kräftigeren, hochrotgesichtigen Kollegen zu meckern.

»Die sind ja absolut fade. Da fehlt ja jede Würze. Waren die nicht mit Knoblauchpüree angekündigt? Ich schmecke nur Petersilie. Jede Hausfrau macht das besser.«

Fallbeil kräuselt angewidert die Lippen und wischt sich einen Saucenrest vom Mund. Affektiert verzieht nun auch seine Frau das Gesicht. Als ob sie Galle gegessen hätte.

Während wir die *Tripes Provençales* genießen, ja, Kutteln, das, was sonst der Hund kriegt, aber sie sind wirklich phänomenal, also, während wir die essen, hören wir, wie Fallbeil nun Spott und Häme über seinen Zwischengang gießt.

»Bitte beachtet die Ankündigung: *Zart gebratene Langustinen mit bretonischer Zitronenbutter.* Was heißt hier zart gebraten. Die sind zäh wie der Tintenfisch beim Griechen.«

Wozu Frau Fallbeil eifrig nickt. Auch die anderen murmeln Zustimmung. Nur der Kommissar wagt zu äußern, dass er sie prima findet, diese Langustinen. Die Runde guckt blasiert, aber keiner sagt etwas dazu. Na ja, in seinen Filmen steht er ja auch immer an einer Bratwurstbude herum, mit seinem Ermittlerkumpel.

Unser Hauptgang ist der gleiche wie bei den Feinschmeckern drüben. Bresse-Geflügel, in einem Marc de Gewürztraminer geschmort, mit Baby-Artischocken und Butterkartöffelchen.

»Hm, das geht so einigermaßen. Aber wenn ich an die Kalbshaxe in Orangensauce auf Sepianüdelchen denke, die ich neulich im *Bébris* gegessen habe, dann fällt das doch deutlich ab.«

Das ist jetzt Arnie Adel. Klar, Adel verpflichtet.

»Der beste Hauptgang, den *ich* in letzter Zeit gegessen habe, war Jacques Totolais' Wildschweinrücken in Schokoladensauce.«

Oh nein, Herr Grünling. Wenn schon Schokolade, dann bitte stinknormale, so richtig zum Glücklichmachen. So wie in dem Dessert, das uns jetzt aufgetischt wird – uns und den Testern: Köstliche warme Teigtäschchen, die mit *Grand-Cru*-Schokolade gefüllt sind. Dazu Vanillesauce und Capuccino-Eis. Rosie und ich essen ganz andächtig, sie schlotzt sogar. Das macht sie immer, wenn es ihr besonders gut schmeckt. Anfangs dachte ich, da sei ein Tier unterm Tisch.

Aber Fallbeil wetzt wieder die Klinge. Er macht sich über die Küchlein und den Jungkoch her, den er eigens zu diesem Zweck aus der Küche hat rufen lassen.

»Sagen Sie mal, junger Mann, das soll *Grand-Cru*-Schokolade sein? Die haben Sie doch bestimmt geklaut. Die haben Sie doch Ihrer Freundin geschenkt und dafür im Supermarkt billigen Ramsch gekauft.«

Der inzwischen wächserne Schmalbrüstige protestiert vehement. Er bebt vor Entrüstung. Doch was hilft's? Fallbeils süffisantes Lächeln spricht Bände. *Ich bin der Küchengott. Ich bin der Gott der Töpfe und Pfannen. Der Gott mit dem Schneebesen.* Gesenkten Hauptes eilt der junge Mann in die Küche zurück. Ende einer Karriere.

»Na, dem hab ich's aber gegeben.« Fallbeil reibt sich die Hände. Wurstfinger, rote Wurstfinger, in die sich die Ringe einschneiden. Fünf Stück zähle ich, drei an der rechten Hand, zwei an der linken.

»Was meinst du, Emma, das reicht jetzt, oder?«

Ich nicke. Wir raffen unsere Sachen zusammen und stehen auf, die noch vollen Rotweingläser in der Hand. Doch anstatt in Richtung Ausgang zu gehen, marschiert Rosie geradewegs zum Feinschmeckertisch. Sie schenkt der Gruppe ihr strahlendstes Lächeln. Julia Roberts in *Notting Hill.*

»Mes compliments, Messieurs, 'dames.« Vornehm kramt sie ihr Französisch aus der Handtasche. »Das haben Sie hervorragend gemacht. Ich bin beeindruckt.« Ihr Blick bohrt sich in Fallbeil.

Der wirft sich in Positur und drückt den Brustkorb heraus, sodass die geckige Weste noch mehr spannt.

»Diese Kompetenz! Dieser feine Gaumen! Darauf müssen wir anstoßen. *Santé*!«

Fallbeil lächelt. »Ach, wie reizend von Ihnen, junge Frau …«

Julia Roberts lächelt zurück. »Wissen Sie, dass sich wegen Leuten wie Ihnen schon Köche umgebracht haben? Mit dem Jagdgewehr erschossen? Vom hungernden Afrika mal ganz zu schweigen.«

Sie nimmt ihren schönen Châteauneuf du Pape, Jahrgang 2003, und schüttet ihn ganz, ganz langsam über Fallbeils schütteres Haupt. Man sollte nicht glauben, wie viel in so ein Glas rein geht. Die Gruppe sitzt wie angetackert da. Sprachlos.

Alle, bis auf Leo Lord.

»Bravo! Bravissimo! Das nenne ich Courage, *Mademoiselle.*«

Er springt auf und eilt auf Rosie zu und umarmt sie und küsst sie, küsst sie, wie nur Inspektor Finnley küsst, auf der offenen Bühne des *Tapenade*. Dann hakt er sie unter und schiebt sie zum Ausgang, ohne die Grabesstille mit einem Adieu zu durchdonnern.

Aber etwas anderes donnert durch den Raum. Ein Geräusch, das dem Kommissar in den Ohren hallen müsste, das ihm nur allzu vertraut sein müsste. Es scheint aus der Küche zu kommen.

PENG PENG PENG PENG

Und sie tanzen einen Tango
Jacky Brown und Baby Miller
Und die Kripo kann nichts finden
Was daran verdächtig wär
Nur der Jungkoch in der Küche
Dem die ganze Häme galt
Könnt vielleicht noch etwas sagen
Doch der Jungkoch, der ist kalt

Schnellkasse

Rasch zähle ich die Artikel in meinem Einkaufswagen durch. Fettarmer Joghurt, fünf Vierer-Pack (das reicht gut zwei Wochen), drei Packungen Haferflocken, Bio natürlich, und drei Liter Milch, auch fettarm (für meine Diät-Drinks). Dann zwei Dosen *Sunsweet* Trockenpflaumen (seit ich die nehme, brauche ich kein Abführmittel mehr), ein Karton Kaffeesahne (ich weiß, ich weiß), außerdem vier Dosen Thunfisch ohne Öl, ein Kilo Fleischtomaten, ein Kilo Äpfel. Tja, und schließlich doch noch etwas ganz Verwerfliches – sechs Tafeln Lindt *Mousse au Chocolat*, zartbitter, das war ein Restposten, weil sie die im Sommer aus dem Sortiment nehmen. Zu meiner Rechtfertigung sage ich mir, dass ich davon auch mal eine verschenken kann. An meinen lieben Freund Jan zum Beispiel, der mag so was auch.

Hm. Bis maximal acht Artikel, steht da an der Schnellkasse. Und ich habe jetzt neun. Soll ich an eine andere Kasse oder soll ich was rausnehmen oder soll ich's drauf ankommen lassen? Ich schaue auf die Schlangen rechts und links und – ja, ich lasse es drauf ankommen.

Noch bevor ich meine Sachen aufs Band legen kann, höre ich hinter mir eine Frauenstimme nölen. Hier sind Sie aber falsch mit Ihrem proppenvollen Wagen, bis zu acht Stück steht da groß und breit, können Sie nicht lesen? Von proppenvoll kann wirklich keine Rede sein, wenn ich mich so umschaue. Und wenn ich in den Wagen der Giftnudel gucke, dann kommt mir das kalte Grauen. Eine Mehrfamilienpackung *Tolle Bruzzler*, dito fetter Schweinebauch, dann eingeschweißte Nackensteaks, fertig mariniert, meiner Schätzung nach so an die zwei Dutzend, außerdem drei Riesenflaschen Grillsauce *American Style* und schließlich eine Megapackung Eiscreme, von der Größe her auch *American Style*. Wie die Frau selbst. Ich schaue schnell weg und fange tapfer an, meine Sachen aufs Band zu legen. Und murmele, gemeint sind Artikel und nicht Einzelteile, in der Hoffnung, dass die Tussi nicht mitzählt. Das kann ja wohl nicht angehen, mischt sich jetzt der Mann neben ihr ein, der zwei Flaschen *Moskovskaya* in der Hand und zwei Pullen *Wodka Feige* unter den Arm geklemmt hat, das ist doch wohl 'ne Unverschämtheit. Prolet, denke ich, aber ehe mir was Schlagfertiges einfällt, naht Hilfe.

Die Hilfe naht von der Kasse her. Sie hat recht. Acht Artikel und nicht acht Teile. Das steht ja auch hier auf dem Schild. Ein dunkelbrauner Lockenkopf gehört zu der hilfreichen Stimme, und dunkelbraune Augen mit Wimpern, um die ihn jedes Mädchen beneiden muss. Die Stimme ist auch dunkelbraun. Das ist ja wirklich ein süßer Bengel, denke ich, so richtig botticelliartig. Und wie der lächeln kann. Ich lächele zurück, ja, ich beginne sogar zu plunkern, obwohl er mein Enkel sein könnte. Dabei versuche ich sein Namensschild zu lesen – schließlich muss ich doch wissen, wer da so nett zur Kundschaft ist, in dieser Servicewüste. *Herr Felix Kasse* lese ich und muss lachen. Während ich meine Sachen wieder in den Einkaufswagen räume und ihm einen Fünfzig-Euro-Schein zuschiebe, kichere ich noch immer. Und denke, bei so viel Freundlichkeit und Charme musst du jetzt was Nettes sagen. Besonders bei dem Namen.

Sie haben aber einen lustigen Namen, sage ich, und der passt auch noch so toll zu Ihrem Job. Wie meinen Sie das, fragt mein Botticelli-Engel. Na ja, druckse ich herum und kichere wieder. Ich heiße Felix, sagt er würdevoll. Frank Felix. Oh, stottere ich, und starre betreten auf sein Namensschild. So lange, bis auch er draufschaut und urplötzlich losprustet. Ach du lieber Himmel, Sie dachten wohl, ich heiße … Schnell drehe ich mich um und sage, also tschüß dann, einen schönen Tag noch, und versuche einen würdevollen Abgang hinzulegen. Aber das klappt nicht ganz, denn der Wagen bockt, das ist oft so bei diesen alten Dingern. Und so höre ich ihn jetzt lauthals hinter mir her tönen, na ja, wohl ein bisschen gaga, das kommt schon mal vor, in dem Alter.

Dabei kippt die Stimme von Dunkelbraun ins Grellgelbe. Von wegen Botticelli-Engel.

Hab ich mir doch gleich gedacht, dass die nicht ganz koscher ist, sagt die Frau mit dem Schweinebauch, will sich an so einen jungen Kerl ranmachen. Die hat doch echt nicht alle Tassen im Schrank.

Und außerdem, sagt der Wodkamann, außerdem waren es neun Artikel und keine acht, ich habe genau mitgezählt.

In Erinnerung an Professor Hanno Hackmann & Studentin Babsi – und ihren Schöpfer
Dietrich Schwanitz, *Der Campus*

Prüfungsangst

Das ist doch der helle Wahnsinn, sage ich. Mhm, stimmst du mir zu und schiebst mein Blüschen höher. Wann kommt er denn, dein Prüfling? Um fünf, nuschelst du in meine Halskuhle und das Blüschen verheddert sich irgendwo zwischen dritter und vierter Rippe. Hör, das reicht nicht, murmele ich, es ist jetzt kurz nach vier ... selbst wenn wir schnell machen ... Außerdem würde man es merken.

Aber deine Hände wandern unbeeindruckt weiter, und das fühlt sich gut an, auf der bloßen Haut. Ich habe nämlich wegen der Hitze nichts drunter, kein Hemdchen und keinen BH. Ich mag es nicht, wenn das Zeug so auf der Haut klebt. Auch wenn mein Busen eigentlich nicht danach ist. Aber das ist mir egal, Hauptsache bequem. Und jetzt ist es sogar ausgesprochen praktisch, für dich und für mich.

Und genau in diesem Augenblick reißt ritschratsch altrosa Seide, und ein Perlmuttknopf hüpft verwegen zu Boden. Auf einen Teppichboden, den ich nie ausgesucht hätte. Der ziemlich alt und rau aussieht. Der eigentlich gar keine Lust machen dürfte – wie das ganze triste Büro. Dass Professoren heutzutage so ärmlich hausen müssen, das ist eine Schande. Aber dass sie keine eigenen Sekretärinnen mehr haben, das zahlt sich jetzt aus. Also, das teure Stöffchen ist gesprengt und so kämpfen sich meine beiden Brüste tapfer frei, erst die eine, dann die andere. Sie sind übrigens verschieden, die rechte ist etwas größer als die linke. Ich bin also ein bisschen rechtslastig – natürlich nicht politisch. Tja, und wie deine Lippen nun von meiner Halskuhle abwärts wandern, das lässt mich nicht kalt.

Behalte die Uhr im Auge, flüsterst du. Die Bauarbeiter haben wohl schon Schluss gemacht, frage ich und schiele auf das leere Gerüst. Aber eigentlich muss ich gar nicht fragen. Die machen bei dieser Bruthitze keine Überstunden, da bin ich mir sicher. Außerdem ist die Bauarbeitergeschichte ein alter Hut. So was gibt es wirklich nur im Roman – applaudierende Bauarbeiter.

Vielleicht kommt der ja auch gar nicht, höre ich dich sagen, das kann gut sein. Warum sollte der denn nicht kommen? Na, der hat doch noch nicht mal eine Themenskizze eingereicht, murmelst du und bist sehr behände mit deinen Lippen und meinen Brüsten, und ich atme schneller. So schnell, dass ich nur noch mühsam fragen kann, was denn sein Thema sei. *Liaisons dangereuses*, stößt du hervor, und ich denke, na klar, was denn sonst.

Während du dich weiter abwärts arbeitest und nach einem kurzen Fehlgriff – Mann, das hat jetzt aber weh getan, das hat in die Haut gekniffen – meinen Reißverschluss geöffnet hast, schiele ich noch einmal auf die Uhr. Erst Viertel nach vier, das reicht, entscheide ich und greife beherzt an deine Jeans. Und wie unsere beiden Hosen zu Boden sinken, da sinken auch wir. Dass der mausgraue Teppichboden so rau ist, wie er aussieht, spielt jetzt keine Rolle mehr. Also, wir liegen da auf dem Fußboden und küssen und herzen uns, und unsere Zärtlichkeiten nehmen kein Ende. Oh ja, stöhne ich, oh ja, und wir rutschen von zärtlich nach wild. Und während ich dir entgegenkomme und du anfängst, mir gut zu tun, während wir also hingebungsvoll unseren Tanz beginnen und aus einem langsamen Walzer ein Foxtrott und dann ein Tango und schließlich ein Quickstep wird und ich dich bis in die Haarwurzeln spüre – genau da klopft es.

Prompt geraten wir aus dem Takt und stolpern. Aus der Tanz, aus der Traum. Um Himmels Willen, ist es denn schon so spät? Das kann doch gar nicht sein. Für mich war doch gerade noch die Zeit stehen geblieben. Ich starre auf die Uhr. Oh nein! Da ist es immer noch Viertel nach vier. Das darf doch nicht wahr sein! Die Uhr ist stehen geblieben, nicht die Zeit.

Robbie, flüstere ich, was machen wir jetzt? Hier kann keiner rein, solange der Schlüssel steckt, flüsterst du zurück. Ganz cool. Das hätte ich dir gar nicht zugetraut. Aber dein Prüfling muss doch geprüft werden, den kannst du doch nicht draußen stehen lassen, stoße ich hervor und rappele mich hoch, mit meinem Höschen kämpfend. Der arme Kerl. Da hat er jahrelang in öden Seminaren gesessen und krude Themen vorbereitet und sich aufgeregt und wartet jetzt voller Prüfungsangst und … Ja, und? Soll ich ihn etwa reinlassen? Und du mit zerrissener Bluse? Wie stehe ich dann da, fragst du, als ob ich ein Wüstling wäre! Nun, im Moment stehst du halbnackt da, aber das lässt sich schnell ändern. Wohingegen *ich* – meine Güte, wie komme ich hier raus, so oben ohne beziehungsweise in zerfledderter Seide? Soll ich etwa über das Gerüst? Immerhin sind wir hier im siebten Stock und ich bin nicht schwindelfrei.

Wir sind einfach nicht da, entscheidest du kurzerhand. Wenn wir lange genug warten, dann geht der wieder. Aber die Prüfung, wende ich ein, der Junge kann doch nicht noch mal so eine Tortur durchmachen, mit Muffensausen und allem Drum und Dran. Das ist doch Folter. Dann prüfe ich ihn eben ganz kulant, beruhigst du mich. Ich gebe ihm eine Note besser. Aber, sage ich, das kannst du doch nicht, das hast du doch noch nie gemacht. Du bist doch sonst immer so korrekt.

In diesem Moment höre ich Stimmen. Jemand versucht, einen Schlüssel ins Schloss zu schieben. Oh Robbie! Keine Angst, hier kommt keiner rein, flüsterst du. Nicht, solange mein Schlüssel steckt.

Da ist jemand drinnen, höre ich einen Bariton sagen, da steckt ein Schlüssel. Und entschlossene Fäuste trommeln gegen die Tür. Hallo, Robert, bist du da drin? Was ist denn los? Komm, mach auf. Wir schweigen schwer atmend. Das ist Pierre, raunst du, den habe ich ganz vergessen. Der Zweitprüfer. Der hat auch einen Schlüssel.

Da muss jemand drin sein, beharrt Pierre und rüttelt heftig an der Türklinke. Robert, so antworte doch!

Natürlich antworten wir nicht. Womöglich ist was passiert, skandiert jetzt eine hellere Stimme, womöglich ist er ohnmächtig geworden, womöglich hat er einen Herzinfarkt. Wir müssen die Tür aufbrechen, höre ich den guten Pierre sagen, und sein französischer Akzent wird deutlich stärker. Wenn nämlich wirklich was passiert ist, dann … Ich habe schon vorhin gehört, wie da drinnen jemand stöhnt, jammert der tenorige Prüfling.

Wir müssen uns was einfallen lassen, flüsterst du. Inzwischen bist du wieder angezogen und versuchst deine Haare mit allen zehn Fingern in Ordnung zu bringen. Wie sehe ich aus, fragst du tonlos. Ganz passabel, nicke ich. Während ich mit klaffender Bluse dastehe. Du musst in den Schrank, da hilft alles nichts. Robbie, nein, der ist doch viel zu klein … Wenn du dich reinkauerst, dann wird das schon gehen, du bist ja schlank. Nein, das geht doch nicht … Aber all mein Wehren hilft nichts, und schließlich sehe ich auch ein, dass es keinen anderen Ausweg gibt. Besonders, da die Geräusche von außen immer bedrohlicher werden. Also gehe ich in die Knie und rutsche in den Schrank. Bescheuert ist das, wie in der billigsten Filmklamotte. Aber mach die Tür nicht ganz zu, flehe ich leise, sonst ersticke ich. Wie lange geht denn die Prüfung? Nur eine halbe Stunde, raunst du, es ist nur das Nebenfach.

Na, du bist gut. Wie soll ich das überstehen?

Ich höre dich aufschließen und etwas von einem kleinen Nickerchen faseln. Die anderen beiden lachen komisch, während mir die Schweißperlen auf die Stirn treten.

Und dann geht es los. Wie spricht man ihn denn richtig aus, den Autor, fragst du. Die Antwort des Prüflings geht in meiner Hitzewallung unter, die Frage nach der Gestalt des Vicomte de Valmont rauscht in meine erste Atemnot. Bloß keine Panikattacke! Ich versuche mir eine sattgrüne Wiese im Morgentau vorzustellen, über die ich barfuß gehe. Aber das hilft nichts, denn ich sitze im reinsten Brutkasten.

Wortfetzen dringen in den Schrank, der Prüfling klingt jetzt weinerlich. Mir wird auf einmal übel. Und dann übernimmt Pierre, der Zweitprüfer. Er wechselt ins Französische und vom Prüfling kommt nur noch ein Stakkato. *Je ne sais pas, je ne me souviens pas … Madame de …?* Mein Herzschlag gerät jetzt auch zum Stakkato, meine Ohren fangen an zu rauschen, mein Kopf dröhnt. Auf einmal schaukelt der Schrank. *Madame de …* Madame de Merteuil natürlich, was sonst … *C'est Madame de Merteuil, je crois.* Na also, höre ich dich sagen, es geht doch. Der Schrank droht nun fast zu kippen. Madame de Merteuil? Nein, nein, das bin ich nicht … was soll das Ganze … und nein, ich heiße auch nicht Sophie … wie heiße ich denn … was ist bloß mit mir los?

Reiß dich zusammen, Sophie, sage ich mir, und ich versuche mich auf die tanzenden Löchlein an der Innenwand des Schrankes zu konzentrieren. Die könnte ich mal zählen, das hilft bestimmt, und wenn ich mit denen durch bin, ist die Prüfung auch vorbei. Ich konzentriere mich und höre dich noch was von einer Bonusfrage faseln, irgendwas von werkgetreuer Verfilmung und ob John Malkovitch oder Colin Firth, und ich entscheide mich ohne Bedenken für Colin Firth, für Mister Darcy persönlich, mit dem ich mich plötzlich auf dem mausgrauen Teppichboden wälze und der sich mit seinem ganzen Gewicht auf mich wirft und mich fast erdrückt. Er presst jetzt seine Lippen auf meinen Mund, presst und presst und hört gar nicht mehr auf. Da küsst du aber viel zärtlicher, denke ich noch, viel besser als dieser Colin Firth Darcy Valmont, der mir fast den Atem nimmt. Und dann bleibt mir die Luft endgültig weg.

Ullas Zeh

Das gefalle ihm nicht so recht. Das sehe schon ganz entzündet aus, hatte Dr. Enderlein gesagt. Da müsse der Chirurg ran. Aber keine Angst, das sei nur ein kleiner Eingriff. Reine Routinesache, er schreibe ihr eine Überweisung aus. Am besten zum Kollegen Kühl, im Ärztehaus in der City-Passage. Dann war Ulla aus dem Untersuchungsraum bugsiert worden und aus der Praxis gestolpert, in der Hand das Zettelchen mit der Adresse. Sie hatte es zerknüllt und in die Manteltasche geschoben.

Und nun saß sie im Sprechzimmer von Dr. Kühl. Sie hatte es schließlich doch mit der Angst bekommen, so, wie der Zeh pochte. Aber vielleicht war ja alles nur falscher Alarm. Eine Druckstelle. Eine vorübergehende Reizung. Blind starrte sie auf den Überweisungsschein, blind schob sie ihn über den Tisch. Der Tisch war klinisch rein und wohlgeordnet, hier konkurrierte kein chefverliebter Blumenstrauß mit dem Glanzfoto von Ehefrau und Kindern.

»Dann zeigen Sie den Zeh mal her«, nuschelte Dr. Kühl, nachdem er den Schein gelesen und die Stirn gerunzelt hatte.

Ulla schnürte ihren Stiefel auf und zog den Kniestrumpf aus, den sie über die Leggings gerollt hatte.

»Hm.«

Ulla wartete. Sie wartete eine ganze Weile. Dann hörte sie den Chirurgen etwas wie ›schon schwarz am Nagelrand‹ murmeln, und dass der Zeh daneben auch nicht in Ordnung sei. Natürlich war der nicht in Ordnung, das wusste Ulla. Das war die Erinnerung an den allerersten Abend mit Hendrik, damals im April. An dem ihr zum Schluss die Bierflasche auf den nackten Zeh gefallen war. Gebrochen und schlecht zusammengewachsen, hatte Dr. Enderlein im Sommer zu ihr gesagt. Da wären Sie doch besser gleich gekommen.

»Aber an dem machen wir jetzt nichts. Wir kümmern uns nur um den großen Zeh«, sagte Dr. Kühl. »Können Sie am Mittwoch um neun Uhr?«

Sie nickte.

»Ich muss bei diesem Eingriff eine Vollnarkose machen. Aber das ist ja wohl kein Problem bei Ihnen.«

Nein, das war es nicht. Sie war jung, sie hatte keine Vorerkrankungen, und nein, sie nahm auch keine Medikamente.

»Hier haben Sie ein Informationsblatt, da steht alles drauf. Bitte schauen Sie sich das genau durch. Und das ist die Einverständniserklärung. Die unterschreiben Sie da unten, wenn Sie alles durchgelesen haben. Das Doppel ist für Sie.« Er stand auf und ging zur Tür. »Wir machen das in der Wald-Klinik, da habe ich Belegbetten. Sie werden drei, vier Tage bleiben müssen.«

»Wieso? Ich dachte, das sei nur ein kleiner Eingriff ...« Aber Dr. Kühl war schon draußen.

Klinik. Vollnarkose. Drei, vier Tage. Tränen tropften jetzt auf die Einverständniserklärung, und die Buchstaben fingen zu tanzen an. Aber was half's. Dr. Kühl sei ein vorzüglicher Chirurg, hatte Dr. Enderlein gesagt. Sie sei da wirklich in besten Händen. Ulla nahm den Kugelschreiber und kritzelte an den unteren Rand des Blattes.

Mittwoch OP. Donnerstag, Freitag, Samstag, Sonntag. Ja, und dann? Wie lange würde sie nicht richtig gehen können? Und wie sollte sie mit offenen Schuhen zurechtkommen, jetzt, bei dem Schnee? Paulchen musste doch Gassi gehen. Klar, die ersten Tage konnte Hendrik ihn zu sich nehmen. Aber dann?

»Wieso Vollnarkose? Warum musst du dafür in die Klinik? Ich dachte, das würden die ambulant machen.« Hendrik klang verdutzt am Telefon. »Was hat denn der Arzt genau gesagt?«

Ulla gestand, dass sie gar keine Gelegenheit gehabt habe, nachzufragen. Dass alles so schnell gegangen sei. Dann fing sie zu schluchzen an.

»Ach Ulla, jetzt wein doch nicht. So schlimm wird es schon nicht werden.« Hendrik schwieg einen Augenblick. »Ich komme nachher vorbei. Soll ich dir was zu lesen mitbringen? Ich habe da einen ganz spannenden Krimi, der wird dich ablenken.«

»Das brauchst du nicht. Mir ist gerade nicht nach Lesen. Und in der Klinik gibt es bestimmt Fernsehen.«

»Du mit deinem ewigen Fernsehen. Ich finde wirklich, du könntest ab und zu mal ein Buch in die Hand nehmen.«

»Du kannst mir ja ein Hörbuch mitbringen.«

Hendrik kam dann aber doch mit seinem Krimi an. *Mord im Moor.* Spannung pur, sagte er, und ein tolles Ambiente. Hätte sogar den *Krimipreis des Nordens* gewonnen. Ohne einen Blick darauf zu werfen, legte Ulla das Buch beiseite.

»Sag mal, bringst du mich hin, am Mittwoch?«

»Ja, natürlich. Ich muss dann aber gleich ins Büro. Redaktionskonferenz.«

»Aber du hilfst mir doch noch beim Einchecken? Und vielleicht könntest du auch noch mal nachfragen, was genau ...«

»Nein, das geht wirklich nicht. Dafür reicht die Zeit nicht. Hast du denn keine Unterlagen bekommen, wie das Ganze ablaufen soll?«

Ulla schüttelte den Kopf.

»Das verstehe ich nicht. Normalerweise wird dir so was mitgegeben. Das tun die schon zu ihrer eigenen Absicherung.«

»Na ja, ich musste eine Einverständniserklärung unterschreiben.«

»Und was stand da drin?«

»Ach, das Übliche eben. Du weißt doch, die Risiken. So was lese ich mir gar nicht erst durch, denn wenn du das tust, dann lässt du dich todsicher nicht mehr operieren.«

»Na ja. Da hast du nicht unrecht.«

Als Ulla aufwachte, hatte sie noch keine Schmerzen. Die kamen erst, als das Morphium verpufft war. Wieso Morphium, hatte Hendrik am

Telefon gefragt. Das wusste sie auch nicht. Genauso wenig wusste sie, warum bei der Visite von orthopädischen Schuhen die Rede war.

»Komisch. Dieses bisschen wildes Fleisch … Ich habe es doch selbst gesehen, das war doch nicht die Welt. Da kann die Wunde doch nicht so weh tun.« Hendrik starrte auf den riesigen Verband. Seit er gekommen war, wimmerte sie vor sich hin.

»Ich schau mal, ob ich einen Arzt erwische. Die können dich doch nicht so liegen lassen, in diesem Zustand.«

Nein, es war kein Arzt da. Dr. Kühl komme erst gegen sieben, nach seiner Sprechstunde. Das sei nun mal so in einer Belegklinik. Nur wenn ein Notfall auftrete, dann würde er natürlich … Aber Ulla war ja kein Notfall. Die Schmerzen seien schließlich ganz normal nach einer Amputation. Die Schwester würde ihr gleich noch eine Spritze geben.

Amputation? Jetzt stieg nicht nur Ulla, sondern auch Hendrik Hitze ins Gesicht. Wieso, warum, weshalb? Hendrik schnürte es den Hals zu, Ulla begann zu weinen. Sie weinte bis um sieben. Bis Dr. Kühl kopfschüttelnd am Bett stand. Das sei doch klar gewesen. Stand doch auf der Überweisung. Entfernung Großzeh rechts. Dann der Aufklärungstext. Dann die Einverständniserklärung. Die sie schließlich unterschrieben habe. Also, da könne sie sich nun wirklich nicht herausreden.

Nein, Herausreden ging nicht mehr. Erst recht nicht, als Hendrik die Unterlagen aus ihrer Tasche zog. Die Kopie der Einverständniserklärung. Das doppelseitige Informationsblatt, das sie angeblich nie bekommen hatte.

»Und du hast das nicht gelesen?«

»Nein.«

»Mensch Ulla! Warum nicht?«

»Aus … Angst.«

»Aus Angst? Du bist doch sonst kein Angsthase.« Hendrik schob ihr das Blatt hin. »Sieh doch, wenn du das gelesen hättest, dann hättest du bemerkt, dass das ein Riesenirrtum ist. Dass der alte Enderlein da was verwechselt haben muss. Oder dieser Kühl. Klar. Chirurgen wollen immer schneiden.«

Sie drehte den Kopf zur Seite und starrte auf die weiße Wand.

»Jetzt schau doch mal, was hier steht …«

Und dann fühlte sie, wie Hendrik erstarrte.

»Oh Ulla!«

Noch bevor er weiterreden konnte, hielt sie sich schluchzend die Ohren zu. Sie wusste, was nun kommen würde – sie hatte es gleich gewusst. Und dass er sie verlassen würde.

»Hey Ulla.« Sanft drehte er sie zu sich herum. »Warum hast du mir das nicht gesagt? Das ist doch keine Schande. Weißt du, dass es in Deutschland über sieben Millionen gibt, denen es ebenso geht? Ich hätte dir doch geholfen! Wir hätten nach Kursen schauen können, an der Volkshochschule, zum Beispiel …«

Sie schloss die Augen. Spürte seine Hände auf ihrem tränennassen Gesicht.

Unwillkürlich riß er das Pferd zurück; da flog der letzte Wolkenmantel von dem Mond, und das milde Gestirn beleuchtete den Graus, der schäumend, zischend vor ihm in die Tiefe stürzte, in den alten Koog hinab.
Theodor Storm, *Der Schimmelreiter*

Der Blauschimmelreiter

Hauke ritt, was das Zeug hielt. Dass er Babette nicht gesucht hatte, das würde sie ihm nie verzeihen. Was heißt ›nicht gesucht‹ – er hatte sich erlaubt, mal alle Fünfe gerade sein zu lassen. Später, hatte er gedacht, später. Nach dem nächsten Bier.

Er sah sie schon von Weitem. Da stand sie, oben auf dem Deich. Klein und doch riesig: Jezebel – wuchtigster aller Racheengel.

Auf geht's, mein Guter! Und *Blue Devil* mit seinen Aberzentnern Wagemut gab sein Bestes. In gestrecktem Galopp flogen Pferd und Reiter dem gerechten Zorn entgegen. Atemlos brachte Hauke das Tier zum Stehen. Es glänzte vor Schweiß, und auch er selbst war klatschnass, trotz der Oktoberkälte.

»Wo ist Babette, Hauke?«, kreischte es ihm entgegen. »Sie ist weg! Du musst doch gemerkt haben, dass sie nicht mit den anderen zurückgekommen ist.«

Er wich ihrem Blick aus, schaute über das leere Weideland. *Na und? Dann ist sie eben weg.* Er wusste nur zu gut, dass Babette ihr Augenstern war. So wie *Blue Devil* der seine. Wahrscheinlich war Babette ihre Rache für den Blauschimmel, der jeden anderen außer ihm abwarf. Ja, es stimmte, er hatte sie von Anfang an verabscheut.

»Warum hast du nicht nach ihr gesehen? Hauke!«

Er schaute immer noch in die Weite und schwieg.

»Oh nein! Du hast gar nicht nach ihr gesucht. Du wolltest sie gar nicht finden!«

Der Frau reinen Wein einschenken, hier, am Deichbruch? Nie und nimmer. Der war zwar schon lange wieder aufgeschüttet und hatte inzwischen etlichen Springfluten standgehalten, aber … Abergläubisch? Doch nicht Hauke. Doch nicht der Deichgraf.

Der Wind fetzte um seine Ohren und füllte sie mit windigen Worten. *Pfui Teufel, du Mistkerl! Pfui Teufel, du Hurensohn!* Aufkommender Sturm wehte über den Deich. *Blue Devil* begann mit den Hufen zu scharren. Und jetzt fing es auch noch an, aus Kübeln zu schütten. Die Wellen wurden in Windeseile zu massigen Wogen, zu Riesenwänden, die auf den alten Deichbruch drückten. Ihn einzudrücken drohten. Hauke wich zurück.

»Da, schau! Da ist sie! Da draußen!«

Was Hauke dort sah, war absonderlich. Babette, die zu schwimmen versuchte. Ein blauweißer Kuhkörper, Jezebels Züchterstolz, meerumspült. Meerumspült plötzlich auch Jezebel. *Schwimmt, ihr beiden, schwimmt!*

Und Hauke gab seinem Pferd die Sporen.

Re-reading John Forsyth, *The Shepherd*

Weihnachtsabend

Ich klappte das Buch zu und gähnte. Wieder mal fast Mitternacht. Und wieder mal Heiligabend. Ein verwitweter Heiliger Abend.

Komisch. Normalerweise mochte ich Weihnachtsgeschichten überhaupt nicht. Mit all dem Legendenkram und ganz besonders mit Marias unbefleckter Empfängnis konnte ich nichts anfangen. Aber mit dieser Fliegergeschichte aus den fünfziger Jahren war es anders. Mir brannten doch tatsächlich die Augen, bei dem Weihnachtswunder über dem englischen Kanal.

Das fehlte mir auf meine alten Tage gerade noch. Wenn Edith das noch mitgekriegt hätte! Ach, Edith. Ich vermisste sie mehr denn je, sogar ihr ständiges Quengeln, ihr ständiges Lamentieren über meine Heidenseele, über mein steinernes Herz.

An unserem letzten gemeinsamen Heiligabend hatte ich mich geweigert, eine Weihnachtsgeschichte zu lesen – obwohl ihr das doch so wichtig gewesen war. Ich war wirklich ekelhaft gewesen, fast zynisch. *Advocatus diaboli.* Warum kannst du denn nicht einfach glauben, hatte sie mich immer wieder gefragt. Und immer wieder hatte ich meine messerscharfe Zunge gewetzt.

Ich starrte ins Kaminfeuer. Die Flammen verschwammen, Tänzer und Tänzerinnen wirbelten vor mir hin und her. Ich zog mein Taschentuch aus der Hosentasche und wischte mir die Augen.

Plötzlich sprang Flöckchen auf und begann wie wahnsinnig zu bellen. Der Hund hatte die ganze Zeit friedlich auf meinen Filzpantoffeln geschlafen. Aber jetzt war er außer sich.

»Guten Abend, Herr Rosen.« Ein Mann im Smoking stand in der Tür. »Darf ich hereinkommen?«

Ich saß da, wie festgenagelt, dann nickte ich. Er kam mir irgendwie bekannt vor, aber ich wusste nicht, wo ich ihn hin tun sollte. Er setzte sich in den Sessel mir gegenüber und fixierte mich.

»Was wollen Sie? Wie kommen Sie hier herein?«

Er lächelte. »Tja, wer hätte das gedacht?«

»Wie bitte? Was meinen Sie?«

»Sie mit Ihrem kühlen Fliegerherzen. Da kann ich ja richtig stolz sein.«

»Ich verstehe nicht ganz … Worauf können Sie stolz sein? Wer sind Sie?« Ich starrte ihn an. Je länger ich starrte, desto vertrauter kam er mir vor.

»Sie haben sie mir abgekauft, nicht wahr?«

»Was?«

»Meine Weihnachtsgeschichte.«

»Ihre Weihnachtsgeschichte? Wieso Ihre?« Ich schluckte. »Oh nein … Das kann nicht sein. Sie sind doch nicht …? Ich dachte, Sie wären tot.« Hatte das nicht auf dem Buchdeckel gestanden, unter seinem Foto?

»Tatsächlich? Nun, wie Sie sehen, bin ich hier.«

»Aber was wollen Sie? Warum sind Sie hier?« Mir war plötzlich kalt, trotz des Kaminfeuers.

»Schade, dass Ihre Edith das nicht mehr erleben darf.«

»Woher wissen Sie von Edith?«

»Sie haben sich doch immer über sie lustig gemacht, weil sie die unglaublichsten Dinge geglaubt hat, nicht wahr?«

Mir wurde schwindelig, in meinem Kopf begann es zu brausen.

»Stimmt doch, oder?« Seine Augen glänzten durch mich hindurch.

Ich brachte keine Silbe heraus.

»Tja, und nun haben Sie sich einfangen lassen. Ist's nicht so?« Er stand auf und lächelte auf mich herab. »Ausgerechnet von mir.« Er lachte leise. »Ist das nicht ein Wunder?« Dann verbeugte er sich, drehte sich um und verschwand durch die Tür – so plötzlich, wie er gekommen war.

Eine biblische Stille erfüllte den Raum. Dann hörte ich Flöckchen sagen: »Himmlisch, nicht wahr?«

In memoriam Angela Carter

Heiligabend mit Leo

Ob ich wirklich die ganze Nacht da bleiben wolle, heute, am Heiligen Abend, hatten sie gefragt. Ob das wirklich mein Ernst sei? *Das ist doch nicht nötig, Susa.*

Kein Wunder, dass sie mich nicht verstanden. Kai war seit einem Jahr in festen Händen, Sven frisch verliebt und Jochen hatte Frau und Kinder zu Haus. Da war klar, wie der Abend verlaufen würde. Ich hingegen verpasste nichts, wenn ich hier blieb. Aber das wussten sie natürlich nicht. Außerdem musste doch einer nach Leo schauen, so schlecht, wie der dran gewesen war in der letzten Woche.

Ich liebte Leo. Wenn er mich mit seinem Spiegelblick anschaute, glaubte ich, er läse in meinem Kopf. Aber es waren nicht allein seine Augen, die es mir angetan hatten, nein, auch seine Statur, seine Kraft, seine Bewegungen. Nur das Haar war stumpf geworden durch die Krankheit. Aber das würden wir schon wieder hinbekommen, da war ich mir sicher. Ich setzte große Hoffnung in die Ampullenkur, mit der wir vorgestern begonnen hatten. Alle acht Stunden eine Injektion. Das hieß, dass ich ihm die nächste Spritze um sechs Uhr früh geben musste. Verständlich, dass er nicht scharf darauf war, aber zumindest wehrte er sich nicht.

Ich blickte durch das kleine Fenster. Leo schlief jetzt. Sein Atem ging ruhig und gleichmäßig. Also konnte ich mir die Zeit mit Lesen vertreiben. Mit dem einzigen Weihnachtsgeschenk, das ich bekommen hatte. Von meiner Freundin Sonja. Wenigstens sie hatte an mich gedacht.

Als ich das Päckchen heute früh vor der Tür fand, konnte ich nicht anders, ich musste es aufmachen. Das verstieß zwar gegen Sonjas Anweisung, die sie Jahr für Jahr wie ein Mantra wiederholte, aber ich sah das nicht so eng. Schnell hatte ich ertastet, dass es sich um ein

Buch handelte, und ebenso schnell das silberne Weihnachtspapier samt Schleifchen und Sternchen abgerissen. Ich musste doch wissen, ob das die richtige Lektüre für eine lange Nacht war.

Herausgekommen war ein kleines Taschenbuch. Eine Sammlung von Kurzgeschichten, besser gesagt, von modernen Märchen. Märchen der besonderen Art, versprach der Klappentext, völlig neu erzählt. Von einer englischen Autorin, deren Name mir nichts sagte. Auf der Rückseite stand etwas von Blut und Blaubart, von Vampiren und Werwölfen, von der Schönen und dem Biest. Da stand etwas von Sex und Gewalt, von Sinnlichkeit und Fantasie und von subversivem Erzählen. Kein Wunder, dass ich neugierig wurde. Und als ich es aufschlug, wimmelte es nur so von bizarren Kreaturen, von Tigerbräuten und Wolfsmädchen und Löwenmännern.

Oh ja. Das war etwas für mich. Das hörte sich besser an als jeder Krimi. Und auf jeden Fall besser als meine langweiligen Fachzeitschriften. Also hatte ich das Buch in meine Tasche gepackt und mich auf den Weg zum Dienst gemacht.

Tja, und nun saß ich seit fast einer Stunde hier und bangte um die Unschuld von *Christmas Rose*, die von einem Ungeheuer begehrlich bedrängt wurde. Seite um Seite stürmte ich vorwärts und half der zarten Heldin, sich des monströsen Wesens zu erwehren.

Mitten in dessen schnödem Versuch, dem Mädchen die Kleider vom Leibe zu reißen, ging das Rumoren los. Ich legte das Buch beiseite und schaute auf die Uhr. Gleich Mitternacht. Ich trat zum Fenster. Leo war wach geworden und aufgestanden. Seine Augen glänzten golden zu mir herüber. Ob er wieder fiebrig war?

Ich öffnete die Tür. »Leo, was ist denn mit dir? Warum schläfst du nicht?« Ich ging zu ihm hinüber und tätschelte ihn. »Komm, Leo, leg dich wieder hin. Ich setz mich zu dir.«

Leo gehorchte sofort. Ich kauerte mich neben ihn, drückte seinen schweren Kopf in meinen Schoß und begann ihn zu streicheln.

Natürlich sollte ich das nicht, ich hatte das den anderen nie erzählt, aber Leo und ich waren so vertraut miteinander, dass ich das bedenkenlos tun konnte. Die Berührung beruhigte ihn sofort, er atmete gleichmäßig, und immer wieder leckte er mir die Hand. Rau wie Sandpapier glitt seine Zunge über meine Haut.

»Ja, ja, du bist der Beste«, murmelte ich und fuhr mit allen fünf Fingern durch seine Mähne. Dann befühlte ich die Nase. Feucht und kalt, wie es sein sollte. Also doch kein Fieber. Ich setzte mich auf den strohschmutzigen Boden und lehnte mich an Leos Flanke. Ganz tief tauchte ich in seine dampfende Wolke, in seine animalische Manneskraft. Mein Kopf füllte sich mit Afrika.

Plötzlich lächelte mich Leo an. Das hatte er noch nie getan. Oh Leo. Ich drückte ihm einen Kuss auf seine Nüstern und strich sanft über sein Fell.

Und dann, ja, dann hatte ich auf einmal beide Hände voller Haar. Eine ganze Flut von Haaren rieselte durch meine Finger. Leo stand auf und schüttelte sich, und nun war da nur noch Haut, fischig nackte Haut. Leo schrumpfte, seine goldenen Augen wurden quittengelb und geiferten mich gierig an. Speichelfäden hingen an den eben noch so wohlig weichen Lefzen, und der Steppengeruch, den ich eben noch an meinen Fingern, auf meinen Lippen hatte, wich brutalem Männerschweiß.

Ich sprang auf, stand da wie festgewachsen. Erst als der verwandelte Leo auf mich zukam und mich zu umarmen versuchte, kam wieder Leben in mich. Ich wich zurück. Doch er folgte mir, er kam so bedrohlich nahe, dass mir nichts anderes übrig blieb, als mein Knie mit aller Kraft in ihn zu rammen. Er heulte auf und sank zu Boden, ein wimmerndes Häuflein Elend.

Ich rannte los und zur Tür hinaus und verriegelte sie mit dem schweren Vorlegebalken. Fast hätte ich mir noch den Finger eingeklemmt. Keuchend lehnte ich mich an die Wand, mein Herzschlag schnürte mir die Kehle zu. Doch dann, ganz langsam, löste sich der Strick um meinen Hals. Ich atmete auf. Durch das Fenster konnte ich sehen, wie der

Leo-Mensch sich krümmte und schließlich zu Boden fiel. Zwei, drei Atemzüge lang zögerte ich, bevor ich nach dem Betäubungsgewehr griff, das wir für Notfälle bereit hielten. Ich öffnete die Fensterklappe und zielte.

Es war eine halbe Stunde nach Mitternacht, als ich mich wieder hinein wagte. Mein Opfer lag noch immer reglos am Boden, doch es war nicht mehr nackt. Es wuchs ihm wieder ein Fell, und der kümmerliche Körper nahm langsam seine alte königliche Statur an. Und obwohl da kein Wimpernschlag war, leuchteten die offenen Augen jetzt honiggelb.

Oh Leo, mein Leo. Er atmete flach, aber er atmete. Ich legte mich neben ihn, ich schmiegte mich an ihn, ich umschlang ihn. Morgen früh würde er mich wecken, dann war die Betäubung verflogen. Dann würde er seine nächste Ampulle bekommen und sein Fell würde wieder genauso glänzen wie seine Augen.

Familienweihnacht

Es fällt mir schwer, zu fragen. Aber das brauche ich auch gar nicht, denn du überschüttest mich sofort mit deiner Begeisterung. Natürlich war es schön gewesen. Es geht doch nichts über eine große Familie an Weihnachten. Alle vier Geschwister waren gekommen, mit Kind und Kegel und dem neuen Schwiegersohn. Sechzehn Leute, alles in allem. Und die Oma mit ihren einundachtzig Jahren war auch dabei, sie hatte sich ganz prima gehalten. Am Heiligen Abend gab es Fondue, das war das Praktischste bei so vielen Personen, und am Weihnachtstag Gänsebraten mit Rotkohl und Knödeln. Natürlich hatten sich die Frauen die Arbeit geteilt.

Und bei mir? Ruhig wie immer.

Als ich am Weihnachtsmorgen mit Rex losmarschierte, gab es noch keine einzige Spur im Schnee. Kein Mensch außer mir. Wäre Rex nicht gewesen, dann hätte ich mich wahrscheinlich den ganzen Vormittag im Bett herumgefläzt. Aber so hatte ich raus gemusst.

Du kannst dir denken, dass Rex wie wild durch den Schnee tobte. Alle Hunde mögen Schnee, zumindest, solange er noch pulvrig ist und keine Klumpen an den Pfoten kleben bleiben. Und solange sich das Salz nicht in die empfindlichen Ballen frisst. Diese Idioten. Als ob Streusand es nicht auch täte.

Pfui, Rex, pfui. Da hatte er doch das Bein gehoben und den Schweizer Mercedes vor dem Nachbarhaus angepinkelt. BL, Basel Land. Ach, wie oft waren Hannes und ich an Weihnachten in die Schweiz gefahren, zum Skilaufen. Mal auf den Säntis, mal ins Engadin, mal ins Berner Oberland. Ich ging weiter, die Straße entlang, vorbei an Heidelberg, Fürstenfeldbruck, Aachen, Saarbrücken. Jedes Jahr das Gleiche. *Lasset die Kindlein zu mir kommen.* Und die Kindlein kamen.

Wie schön für dich, dein Patenkind wiederzusehen. Danny heißt er, nicht wahr? Wie alt ist er jetzt? Sechs? Tja, erst mit Kindern wird Weihnachten ein Fest, da hast du recht.

Klar, dass eure Bescherung toll war. Alle einträchtig unterm Tannenbaum, zwischen Päckchen und Schachteln mit goldenen Bändern und roten Schleifen, und vor Tellern voller Plätzchen und Christstollen. Ach, du hast eine Telemann-CD bekommen? Genau die, die du dir schon lange gewünscht hast? Und Danny eine elektrische Eisenbahn. Wie ich dich kenne, hast du stundenlang damit gespielt. Wahrscheinlich ist der Kleine kaum zum Zug gekommen.

Bremen. Aus dem Kaufrausch in den Umtauschrausch. Wie zu erwarten war, kam es nach den Feiertagen wieder zu großen Umtauschaktionen. Mit einem solchen Ansturm hatte allerdings niemand gerechnet. Besonders vor der Damenwäscheabteilung bildeten sich endlose Schlangen. (Da hatten wohl die Herren die Größen ihrer Liebsten unter- oder überschätzt.) *Auch in der Spielzeugabteilung und im Multimediamarkt ging es hoch her.* (Natürlich, weil die Wunschzettel nicht richtig gelesen worden waren oder manches doppelt unter dem Weihnachtsbaum lag.) *Aber sowohl die Kaufhäuser als auch der Einzelhandel waren darauf eingestellt und hoffen nun im Zuge der Umtauschaktionen auf beste Geschäfte. Durch den Wintereinbruch ist vor allem warme Kleidung gefragt. Auf dem Schnäppchenmarkt sind hauptsächlich Pullover und Anoraks zu finden.*

In fast jedem Fenster Schwippbögen. *Markt und Straßen stehn verlassen, still erleuchtet jedes Haus …* Bei mir steht eine Menora. Die hatte uns unser Freund Gershon vor Jahren aus Tel Aviv mitgebracht, und die halte ich auch in Ehren. Die Menora und die Kerzen sind dieses Jahr mein einziger Weihnachtsschmuck. Ach ja, und dann noch die Christrose. Aber zu mehr konnte ich mich nicht aufraffen. Schon gar nicht zu einem Mistelzweig.

Ein Glück, dass wir die ganze Wiese für uns hatten. Dass der ständig stänkernde Mann mit dem Jack Russell nicht da war und die

Russenhasserin mit ihrem Puffhündchen und die Tratsche mit dem schwarzen Schäferhundmonster. *Brav, Rex, brav. Hol das Stöckchen.*

Ihr wart also in einem grandiosen Orgelkonzert. Am zweiten Feiertag, im Münster. Und hinterher im Stefanskeller. Ein Riesentisch, vorbestellt natürlich, sonst hätte das nie geklappt, bei so vielen Leuten. Ganz fantastisches Essen, und alles harmonisch. Überhaupt kein Streit.

Offenbach. Frau stößt Ehemann mit brennendem Baum vom Balkon. Glück im Unglück: Der Siebenundfünfzigjährige überlebte den Sturz, allerdings musste er mit zwei Rippenbrüchen und leichten Verbrennungen ins Krankenhaus eingeliefert werden. Nach Aussagen der Polizei war es kein Unglück, sondern Absicht. Das Motiv war offenbar Eifersucht. Die Ehefrau hatte die Mails der Geliebten entdeckt.

Bremerhaven. Grausame Weihnachtstragödie: Schwiegermutter mit Tranchiermesser erstochen. Der Täter, von Beruf Schlachter, legte ein umfassendes Geständnis ab. Er konnte den krankhaften Kontrollzwang der Frau nicht mehr ertragen, sagte er.

Wanne-Eickel. Gemetzel im Kinderzimmer. Zwei Jungen im Alter von acht und neun Jahren verletzten sich mit Messerstichen im Kampf um ein Feuerwehrauto. Sie mussten blutüberströmt ins Krankenhaus eingeliefert werden. Die beiden hatten das Skalpell ihres Vaters, eines Chirurgen, in die Hände bekommen. Was, so fragt man sich, hat ein Skalpell in einer Privatwohnung zu suchen?

Hameln. Unglück oder Mord? Frau im Fahrstuhl abgestürzt. Die Fünfundvierzigjährige konnte nur noch tot geborgen werden. Bislang ist unklar, ob es sich um einen technischen Defekt handelt oder ob der Fahrstuhl manipuliert wurde. Den Nachbarn zufolge sollen aber schon am Heiligen Abend heftige Streitereien in Gang gewesen sein. Es wird nicht ausgeschlossen, dass ein Tötungsdelikt vorliegt. Der Verdacht richtet sich gegen den fünfzigjährigen Schwager. Die Polizei ermittelt.

Bei euch verlief also alles ganz friedlich. Eine richtig schöne Familienweihnacht. Besser hättest du es dir nicht wünschen können. Und nächstes Jahr würde die Runde wahrscheinlich noch größer sein, den geheimnisschwangeren Andeutungen nach. Auch die Heimfahrt war völlig problemlos, trotz des Schnees. Aber die Autobahnen waren ja gut geräumt.

Mein zweiter Feiertag? Wie immer. Musik und Lesen. Und natürlich die Hundespaziergänge. Das Fernsehprogramm war ja wieder grauenhaft gewesen. Übrigens danke für die DVD, die hat mich sehr gefreut. Was ich sonst noch geschenkt bekommen habe? Nichts. Von wem auch?

Bremen. ENO gibt folgende Termine für die Entsorgung der Weihnachtsbäume bekannt: Für Bremen-Mitte und den Bremer Osten Donnerstag, 14. Januar, für die Neustadt und den Bremer Westen Freitag, 15. Januar, für Bremen-Nord Montag, 18. Januar. Wer den Termin verpasst, kann den Baum bei allen Recycling-Stationen kostenlos entsorgen, allerdings ohne Lametta u.ä.

Wenigstens darum muss ich mir keine Gedanken machen. Das ist doch immerhin etwas, nicht wahr?

Immer Ärger mit Scrooge

Der Bautrupp bestand aus drei Männern. Den Meister schätzte sie auf Ende Vierzig, die beiden anderen schienen noch nicht ganz trocken hinter den Ohren. Aber das mit dem Schätzen war so eine Sache: Je älter sie wurde, desto schlechter klappte es. Da kam ihr schon mal eine Fünfzigjährige wie dreißig vor.

Und nun stand der Bautrupp in ihrem Badezimmer und schüttelte den Kopf. Das heißt, drei Köpfe. »Und wieso soll das rausgerissen werden?«, fragte der Meister. »Das ist doch nagelneu.« Natürlich war es das, und alles vom Feinsten. Gernot hatte es vor fünf Jahren renovieren lassen, auf eigene Kosten, zur diamantenen Hochzeit. Es war sein letztes Geschenk gewesen. »Das macht doch keinen Sinn«, insistierte der Polier. Die grünen Jungs ließen auf der Stelle die Kellen fallen und zückten die Handys, um ihre Mails zu checken oder irgendwelche Spiele herunterzuladen.

»*Meine* Idee war das nicht«, sagte Eleonore. »*Ich* habe Sie nicht gerufen. Das war meine neue Vermieterin.« »Eine Frau Krusch«, murmelte der Polier mit Blick auf seinen Auftragsblock. Eleonore lachte kurz auf. »Die heißt bei mir nur Scrooge, so kurz vor Weihnachten.« »Hä?« »Na, Charles Dickens, kennen Sie die Geschichte nicht?« Der Mann starrte sie an, dann schüttelte er den Kopf.

»Wegen so 'nem Scheiß sind wir hergekommen«, maulte der hübsche Dunkelhaarige. Der Friesenblonde hatte sich bereits auf den Badezimmerhocker fallen lassen und seine Kopfhörer in die Ohren gestöpselt. »Wie kommt die Frau bloß auf eine so hirnrissige Idee?«, lamentierte der Meister weiter.

Nun, das konnte Eleonore ihm sagen. Bei einer Kanne Bohnenkaffee und dem Rosinenkuchen, den sie eigentlich für Raffael gebacken hatte, erzählte sie den Männern von der horrenden Mieterhöhung und den hübsch verpackten Drohungen und Schikanen. Dass die fetten Jahre jetzt vorbei seien, dass sie doch nicht so weltfremd sein könne, zu glauben, dass das ewig so weitergehen würde, dass die Wohnung doch viel zu groß für sie sei, dass das ein lukratives Anlageobjekt sei, das müsse sie doch einsehen, und wenn nicht, tja, da gebe es schon Mittel und Wege … Oh, sie wusste sehr wohl, dass ihre Vermieterin sie für leicht dement hielt.

»Sie und dement, das ist doch eine Unverschämtheit«, riefen die Maurer im Chor, während sie sich jetzt über die Schokoladenkekse hermachten, die eigentlich auch für Raffael bestimmt waren. Aber besondere Umstände erforderten nun mal besondere Maßnahmen. Die drei empörten sich immer mehr, je mehr Eleonore erzählte. Und während sie schließlich auf den Telefonterror zu sprechen kam, stellte sie die Calvados-Flasche auf den Tisch.

»Eigentlich«, sagte der Meister, »dürfen wir das ja nicht.« Unbeirrt füllte sie die Gläser und prostete dem Trupp zu, und nach nur kurzem Zögern prosteten die Männer zurück. Dann steckten sie die Köpfe zusammen. Dass man ihr das doch nicht antun könne, diesen Staub und Dreck und Lärm, und das über Wochen, nur, um sie rauszuekeln. So eine böse, böse Frau. Andererseits, Auftrag sei Auftrag, und wenn sie sich weigerten, werde der Chef sie mit Sicherheit rausschmeißen. Zu allem Überfluss wolle diese Krusch den Fortschritt auf der Baustelle auch noch persönlich überwachen, womöglich täglich.

»Das war mir klar«, sagte Eleonore. »Aber ich hab da schon eine Idee – allerdings weiß ich noch nicht genau, wie … Dabei müsste mir schon jemand helfen … Wenn Sie vielleicht …« Die Köpfe rückten jetzt noch enger zusammen, blondes und braunes, schwarzes und graues Haar mischten sich. Die Stimmen wurden gedämpfter, senkten sich in ein Raunen hinein, in Immobilienhaie und Investorenschweine, und schließlich schlug eine Hand auf die andere. »Einer für alle, alle für einen.«

Als die Vermieterin nach einigen Tagen erschien, ignorierte sie Eleonores ausgestreckte Grußhand und drängte sich wortlos an ihr vorbei in

Richtung Badezimmer, aus dem lautes Hämmern und dumpfe Schläge erklangen. Kaum hatte die Frau die Türschwelle erreicht, begann sie auch schon zu husten – kein Wunder bei all dem Staub, der aus den Fugen und Ritzen drang. Die Kacheln der linken Wand waren schon abgeschlagen, und Meister Bodo machte sich mit seinen Jungs gerade über die Badewanne her. »Das geht ja«, krächzte die Krusch, »zügig voran.« Dem Tonfall nach schien ihr das gar nicht genehm, oder war es nur der Feinstaub, der ihrer Stimme diesen rauen Klang gab? Schnell machte sie auf dem Absatz kehrt, wohl, um einen erneuten Hustenanfall abzuwenden. Jedoch vergebens. Unter Stöhnen und Würgen rannte sie aus der Wohnung, ohne ihre Mieterin auch nur eines Blickes zu würdigen. Eleonore runzelte die Stirn, dann begann sie zu lächeln. Auch die Maurer grinsten, nachdem sie ihre Schutzmasken abgenommen hatten.

Dass der nächste Besuch genauso verlaufen würde, war abzusehen; schließlich musste noch etlicher Staub aufgewirbelt werden. Doch diesmal ließ sich Eleonore Zeit, bevor sie dem impertinenten Klingeln nachgab. Erst beim fünften Läuten öffnete sie, um dann ins Wohnzimmer zurückzuwanken, wo auf dem Esstisch neben der gefüllten Wasserkaraffe eine Batterie von Medikamenten stand: der Magenschoner, die Vitaminpräparate, der Betablocker und die Digitalistropfen, die sie seit einigen Jahren parat hatte, um ihr Vorhofflimmern im Griff zu halten. »Na, das ist ja die reinste Apotheke«, schnarrte die Vermieterin, und Eleonore glaubte, eine gewisse Genugtuung herauszuhören. Sogleich strebte die Dame wieder dem Badezimmer entgegen, aus dem unter anschwellendem Geräuschpegel Staubwolken quollen. Und wieder setzte der Husten ein, erst zögernd, dann stakkatoartig, um schließlich erneut in einem grandiosen Anfall zu gipfeln.

Eleonore, die sich im Hintergrund gehalten hatte, senkte das schützende Taschentuch und fragte, ob sie mit einem Schluck Wasser helfen könne. »Ja, verdammt noch mal«, keuchte die Frau, »aber schnell.« Eleonore griff zur Wasserkaraffe, goss das bereitstehende Glas randvoll und drückte es in die fordernde Hand. »Jetzt setzen Sie sich erst mal in aller Ruhe hin«, sagte sie und presste die Vermieterin in den Ohrensessel, der bis vor zwei Jahren der Lieblingsplatz ihrer Hündin gewesen war. »Gleich wird es Ihnen besser gehen.« Und lächelte zufrieden vor sich hin.

***

Meister Bodo stand mit verschränkten Armen vor seinem, vor ihrer aller Werk. Nur zwei Wochen hatte es gebraucht, das neu geflieste, spiegelblanke Badezimmer mit barrierefreier Dusche, edlem Colani-Becken und altersgerechtem Toilettensitz. »Schön ist das geworden, Eleonore«, sagte er in zufriedenem Ton. »Sogar noch schöner als vorher«, antwortete sie lächelnd. »Besonders die hintere Wand«, fügte er hinzu. »Ganz besonders die hintere Wand«, bestätigte sie kopfnickend. »Wer hätte das gedacht.« Sie blickte in die Runde. Jörn und Eric lächelten zaghaft zurück, doch auf einmal gab es kein Halten mehr. Lauthals prusteten sie alle los, stürzten einander in die Arme und umschlangen sich und tanzten unter Lachen und Freudentränen durch die Wohnung, die nun endlich wieder Luft zum Atmen gab.

Der fatale Stolperer

Ich war nicht immer so reich gewesen. Im Gegenteil, die meiste Zeit hatte Ebbe in meiner Kasse geherrscht. Was will man auch von einer jungen unbekannten Malerin erwarten? Sogar die wirklich Großen – Monet, Renoir, van Gogh beispielsweise – hatten oft auf Pump leben müssen. Und heute werden ihre Gemälde für Abermillionen bei Southeby's und Christie's versteigert.

Meinen Reichtum verdanke ich allerdings nicht einem plötzlichen Boom meiner Bilder. Nein, ich verdanke ihn Henry, meinem norddeutschen Liebhaber. Um genau zu sein, Henry war nicht einfach ein Liebhaber – er war die Liebe meines Lebens. Dachte ich zumindest damals.

Henry, ein schlanker, wettergegerbter Friesisch-Blonder mit lichtblauen Augen. Eigentlich gar nicht mein Fall, denn ich stehe eher auf den kräftigen Typ mit dunklen Haaren und dunklen Augen. Aber sei's drum. Henry war ein toller Mann, höflich, klug, charmant. Und was für ein Glück: Er war außerdem vielfacher Millionär. Wievielfach, das sage ich besser nicht. Das würde mir sowieso keiner glauben. Der einzige Wermutstropfen war, dass er sich erst scheiden lassen musste, bevor er mich heiraten konnte.

Wir hatten uns auf einer Vernissage kennengelernt. Ich war ihm buchstäblich in die Arme gestolpert, mit einem randvollen Glas Orangensaft in der Hand, der seine Armani-Krawatte nebst Seidenhemd sofort durchtränkte. Nun, so kann man auf sich aufmerksam machen. Aber das war nicht der fatale Stolperer gewesen. Zu dem komme ich später.

Mein Jahr mit Henry war Abenteuer pur, dank Henrys Weltläufigkeit – und natürlich dank seiner Millionen. Wir jetteten um die Welt. Wir feierten den Karneval in Rio und zum *Mardi Gras* waren wir in New Orleans. Wir beklatschten die große Artisten-Gala in Monte Carlo und applaudierten bei der Oscar-Verleihung. Alle Kunstausstellungen des Jahres sahen wir uns an, von der Tate bis zur Eremitage. Wir flogen nach Sydney, um die neueste *Carmen*-Inszenierung zu erleben, und für die *Zauberflöte* düsten wir an die Met. Wir wetteten in Baden-Baden und Ascot, in Cut und Zylinder und einem Dior-Fummel am Leib und einem Wagenrad auf dem Kopf. Indianapolis und Silverstone, Wimbledon und Flushing Meadows, wir waren dabei. Wo waren wir nicht gewesen? Ich weiß es nicht.

Als ich nach zehn Monaten schwanger wurde, war Henry überglücklich. Und er wollte mich absichern, falls sich das mit der Scheidung noch länger hinzog. Also machten wir uns auf den Weg zu Enno Hansen. Enno war Henrys Freund und Anwalt, der Henry in allen juristischen Dingen vorteilhaft beriet (nicht nur vorteilhaft für den einen, sondern auch vorteilhaft für den anderen).

Es war ein Mittwoch, ich werde es nie vergessen. Wir sollten kurz vor zwölf bei Enno sein, in dessen nobler Kanzlei am Markt. Von Henry wusste ich, dass Enno die Kanzlei vor zwanzig Jahren mit einem Studienkollegen namens Jan Meyerdierks gegründet hatte. Die kleine Klitsche von damals war inzwischen zu einer renommierten Sozietät angewachsen, sodass Enno das ganze vierstöckige Haus hatte pachten müssen. Er selbst saß in der obersten Etage. Natürlich waren es die schönsten Räume, mit einem herrlichen Blick auf Rathaus und Dom. Mahagonimöbel, Ledergarnituren, Kaschmirteppiche, erlesene Gemälde. Alles vom Feinsten, aber trotzdem nicht protzig. Typisch hanseatisch eben. Es gab nur einen kleinen Schönheitsfehler: Der Aufzug ging bloß bis zum dritten Stock. Also mussten wir die letzte Etage zu Fuß erklimmen. Doch das machte mir nichts aus, schließlich war mein Bauch erst im Werden.

Enno begrüßte uns überschwänglich. Kaum saßen wir, bot er uns auch schon einen Begrüßungsdrink an. Sein Schrank war stets gut gefüllt mit den feinsten Bränden. Diesmal war es ein achtzehn Jahre alter Single Malt, den ihm ein überaus zufriedener Mandant geschenkt hatte (eine Ehescheidung, die den Mann so unerwartet billig gekommen war, dass er Enno gleich zwei Kistchen spendiert hatte).

Eigentlich sollte ich als werdende Mutter gar nichts Alkoholisches trinken, aber einmal Nippen, das war doch wohl erlaubt, oder? Allerdings merkte ich schon beim ersten Schluck, dass es besser war, die Finger davon zu lassen. Das Zeug war viel zu hochprozentig. Außerdem bekam ich sofort dieses schreckliche Sodbrennen, das mir die Schwangerschaft von Anfang an vergällt hatte. Also schob ich Henry mein Glas hin. »Nimm du den bitte, ich glaube, das ist vernünftiger.«

Und so stießen die beiden Freunde ohne mich an, Henry erst mit meinem, dann mit seinem. Dann griff Enno nach dem Vertragsentwurf, den er nach Henrys Anweisungen vorbereitet hatte. »Schau mal, ob das so in Ordnung ist.«

Henry beugte sich über das Schriftstück und las. »Paragraf 4 und Paragraf 9, da muss noch was hinzugefügt werden.« Kurz und knapp erläuterte er, was er haben wollte.

»Das ist schnell erledigt«, meinte Enno und kritzelte mit seiner gestochenen Anwaltsschrift dreiunddreißig Aktienpakete und das Sylter Haus hinein (so popelig klein, dass es für jeden Grafologen ein gefundenes Fressen gewesen wäre). Nun musste er es nur noch rasch ins Reine tippen lassen. Über die Gegensprechanlage rief er nach seiner Sekretärin, doch die schien nichts zu hören. Er stand auf und öffnete die Tür zum Nebenzimmer, um nachzuschauen. Kopfschüttelnd drehte er sich wieder zu uns um. »Nicht da.« Einen Moment lang schien er verärgert. Er nahm den Vertragsentwurf, heftete einen Eilvermerk an und sagte: »Ich hinterlege das nur rasch im Sekretariat.« Als er zurückkam, war er schon wieder bester Laune. Jovial legte er die Arme um uns. »Lasst uns mal was essen gehen. Wie wäre es mit der Osteria unten am Fluss?«

Natürlich waren wir einverstanden. Für italienisches Essen waren wir immer zu haben, außerdem genoss das Lokal einen vorzüglichen

Ruf. Also standen wir auf und gingen zur Tür. Höflich, wie Enno war, ließ er Henry und mir den Vortritt. Doch ich blieb plötzlich stehen, weil ich ein Bild entdeckt hatte, das mir bisher entgangen war. »Ist das neu?« Enno nickte. Ich schaute genauer hin. Meine Güte, das war ja ein echter Vogeler. »Mannomann, Enno. Der muss eine schöne Stange Geld gekostet haben.«

Enno grinste. Keinen Cent habe er löhnen müssen. Ein klammer Mandant habe ihn in Naturalien bezahlt, das komme immer wieder vor. Einmal habe er einen türkischen Lebensmittelhändler vertreten, der glaubte, ihn mit seinem ganzen Warenlager abspeisen zu können. »Der brachte Lammfleisch, bis es mir zu den Ohren herauskam. Und als er schließlich ...« Enno brachte den Satz nicht zu Ende, denn ein markerschütternder Schrei gellte plötzlich durchs Treppenhaus. Zu Tode erschreckt stürzten wir beide hinaus.

Ohgottogott! Unten am Treppenabsatz lag Henry in eigenartig verbogener Stellung. Der Kopf schien völlig verdreht, als ob er nichts mit dem restlichen Körper zu tun hätte.

»Henry! Henry! Was ist?«, schrien Enno und ich im Chor.

Doch Henry blieb stumm. Natürlich blieb er stumm, denn er war tot. »Genickbruch«, stellte der Notarzt zehn Minuten später fest. Das musste er uns nicht erst sagen, das war klar – zumindest mir. Schließlich hatte ich genau hingesehen. Ich schluchzte in Ennos Armen. Doch der gute Enno, aschfahl, zitternd, mit klappernden Zähnen, er erwies sich nicht als große Stütze. Im Gegenteil, fast musste ich ihn stützen. Ich hatte schon immer den Verdacht, dass Enno eine Memme war.

Das Ganze war furchtbar – in jeder Beziehung. Henry tot, ich schwanger, mein Erbe futsch. *Oh Henry! Hättest du nur nicht das zweite Glas Whisky getrunken!* Der Erbvertrag war hinfällig, ohne seine Unterschrift.

Die nächsten Tage vergingen wie in Trance. Und wie in Trance brachten wir Henry unter die Erde, in die pompöse Familiengruft auf dem nobelsten Friedhof der Stadt. Zwei Witwen, die eine fast ex, die andere in spe, zaghaft von Enno gestützt. Hinter uns Heerscharen von Trauernden, Senatoren, Banker, Reeder, Künstler und andere Größen der Stadt. Wir weinten heftig. Es war auch wirklich zum Heulen.

Als ich mit Enno hinterher in der Kanzlei saß, kam mir die rettende Idee. Nicht umsonst war ich Malerin, eine Künstlerin mit kalligrafischen Talenten, eine, die alles kopieren konnte. Auch Henrys Unterschrift unter dem Erbvertrag, den die eifrige Sekretärin inzwischen fertig gestellt hatte und der schließlich Henrys letzter Wille war. Und das sagte ich Enno dann auch.

Enno zog hörbar die Luft ein. Seine Atmung wurde schwerer, sein Kopf schwoll an wie ein roter Luftballon, der von Kindermund aufgeblasen wird. »Ich glaube es nicht!«, keuchte er. »Du warst nur hinter Henrys Geld her! Du hast ihn nie geliebt!« Mühsam rappelte er sich aus seinem Jugendstilstuhl hoch und hielt sich an der Kante des großen Schreibtischs fest, auf dem fein säuberlich gestapelt die Akten lagen.

»Ich habe ihn geliebt«, wandte ich empört ein. »Ich denke nur praktisch.« Ehe ich mich versah, kippte Enno vornüber auf den Schreibtisch, sodass der Aktenstapel ins Rutschen geriet. Während er mit dem Kopf auf die Tischplatte knallte und der rote Luftballon zerplatzte, griff ich nach dem Papierberg, der auf den Fußboden zu segeln drohte. Und welch ein Zufall – bereits die zweite Akte war der Erbvertrag.

Mehr ist eigentlich nicht zu sagen – nur, dass ich das Kind verloren habe. Aber das macht nichts, ich war nie so erpicht darauf gewesen. Ich habe jetzt ein hübsches Anwesen im Hinterland von Cannes. Und wenn es mir da zu heiß wird, gibt es immer noch das Haus auf Sylt. Als Ausweichmöglichkeit.

Fluchten

»Hast du heute schon Zeitung gelesen?«

»Ja, klar.«

»Auch das von dem Wettbewerb?«

»Du meinst die Sache mit den Kurzgeschichten? Zum Thema ›Flucht‹?«

»Genau die. Da könnte ich doch eigentlich mitmachen. Da könnte ich Didiers Abenteuer ausschlachten.«

»Ha! Nach dem Motto *Über Lampedusa in die Lüneburger Heide?*«

»Na ja, warum nicht?«

»Wenn du genau hingeschaut hättest, dann hättest du bemerkt, dass die was ganz anderes wollen.«

»Wieso? Was denn?«

»Die wollen was mit Fluchten vor Klimakatastrophen.«

»Wie kommst du darauf?«

»Na, da stand doch was von einem Projekt *climateXperience*. Und dass der Wettbewerb damit zusammenhängt.«

»Och, schade. Wo Didiers Geschichte doch so spannend ist.«

»Aber todsicher am Thema vorbei, liebste Karla.«

»Wenn wir wenigstens einen Japaner in der WG hätten, dann könnte ich was mit Erdbeben und Tsunamis machen.«

»Menschenskind, warum brauchst du dafür einen Japaner? Du könntest endlich mal anfangen, selbst Geschichten zu erfinden.«

»Mach ich doch die ganze Zeit.«

»Von wegen. Ich sagte *erfinden*. Du schlachtest doch nur das aus, was andere dir erzählen. Ich hab noch nie was von dir gelesen, das du nicht selbst erlebt oder gehört hättest.«

»Soll das etwa heißen, ich habe keine Fantasie?«

»Na ja …«

»Das ist gemein, Lizzie. Das stimmt nicht, das weißt du ganz genau.«

»Also bitte, dann setz dich doch hin und denk dir was aus. Wie ein Cuxhavener vor einem Tsunami flieht, beispielsweise.«

»Hier gibt's doch gar keine Tsunamis.«

»Siehst du, da haben wir's schon. Du bist überhaupt nicht fähig, dir so was vorzustellen. Etwas Fantastisches, etwas Utopisches. So eine Art Endzeitszenario.«

»Es muss doch gar kein Endzeitszenario sein. Hauptsache, was Besonderes. Was wirklich Abgefahrenes.« Karla nagte auf ihrer Unterlippe herum. »Ich könnte zum Beispiel über so eine Art umgekehrte Flucht schreiben …«

»Was meinst du mit *umgekehrte Flucht?*«

»Na, dass ein Europäer nach Libyen flieht, oder in den Tschad, zum Beispiel.«

»Warum sollte er, um Himmels Willen?«

»Weil er Rheuma hat, und weil es dort so schön trocken ist.«

»Du spinnst.«

»Ich spinne gar nicht. Das hat mein Onkel Herbert gemacht, vor fünfzehn Jahren. Der ging nach Kamerun.«

»Siehst du, da haben wir's schon wieder. Du kannst dir einfach nichts selbst ausdenken.«

»Und ob ich mir was ausdenken kann! Du wirst dich noch wundern!«

Die Tür hinter Karla fiel mit solcher Wucht ins Schloss, dass Lizzie schon Mauerrisse zu sehen glaubte. Dass die Gute keine Kritik vertrug, wussten alle in der WG. Wahrscheinlich schmollte sie jetzt tagelang. Egal. Ein bisschen Abstand war gar nicht schlecht.

Und dieser Abstand währte nun tatsächlich schon Wochen. Sehr gut, denn der letzte Monat war derart hektisch gewesen, dass Lizzie Ruhe gebrauchen konnte. Sie wusste kaum noch, wo ihr der Kopf stand. Sie musste bis Mitte April die Seminararbeit abgeben, weil die Dozentin später nichts mehr annahm – die war da ganz rigide. Hoffentlich war ihre Toleranz beim Thema größer. Lizzie hatte es nämlich riskiert, zum Schwerpunkt »Migration« mal was völlig anderes zu machen. *Deutsch-deutsche Migration : Wenn Schwaben in den Norden ziehen – Ursachen und Wirkungen.* Darüber redete kein Mensch. Dass man auch innerhalb Deutschlands entwurzelt werden konnte, dass man sein ganzes Kulturgut zurückließ, dass man wegen seiner Sprache gehänselt wurde. Und wenn der Frühling gar nicht kommen wollte und aus Südbaden Temperaturen jenseits der zwanzig Grad gemeldet wurden, dann fragte sie sich manches Mal, warum sie sich ausgerechnet Hamburg zum Studieren ausgesucht hatte. Dass es wegen David gewesen war, hatte sie schon lange erfolgreich verdrängt.

Nicht, dass sie engstirnig gewesen wäre, nein, sie verstand sich durchaus als Kosmopolitin. Weltoffen wie die Hansestadt, weltoffen wie ihre WG. Mit all den Mehmets, Fatmas, Didiers, Irinas und Nalinis, die im Laufe der Semester ihre Spuren, Töpfe, Zuckertüten und Klamotten hinterlassen hatten – von den Ostfriesen mal ganz abgesehen. Alle auf der Flucht vor irgendwas irgendwohin. Nein, sie dachte wirklich global. Nur als der bornierte Studienleiter sagte: »Mit Ihrem emotional gefärbten *ischt* und *gell* können Sie sich hier beim besten Willen nicht vor eine Schulklasse stellen!«, da war ihr doch der Hut hoch gegangen. Da hatte sie einen heiligen Zorn bekommen und sich im Geiste alle s-pitzen S-teine aufgesagt, über die die Nordlichter stolpern sollten.

»Hast du schon Radio gehört?« Ohne anzuklopfen hatte Norbert die Tür aufgerissen und stand mitten im Zimmer.

»Verdammt noch mal, musst du mich stören? Du weißt doch, ich bin gerade am Arbeiten.«

»Die haben eine Tsunami-Warnung durchgegeben. Fürs Emsland, das ganze Unterwesergebiet und für Hamburg.«

»Eine Tsunami-Warnung? Sind die denn total übergeschnappt? Das glaubst du doch nicht im Ernst.«

»Du, die bringen das anscheinend schon seit einer halben Stunde. Man soll höher gelegene Orte aufsuchen.«

»Höher gelegene Orte? Dass ich nicht lache. Etwa die Müllhalde?«

»Sie berufen sich auf Messungen. Irgend so ein Expertenteam soll schon seit Tagen warnen.«

»Norbert, mach mal halblang. Die sind doch nicht ganz dicht. Das ist bestimmt ein Aprilscherz.«

»Der erste April war vorgestern.«

»Vielleicht haben sie sich im Datum vertan.«

»Mensch, Lizzie, wenn die womöglich recht haben …«

»Dann schalt halt noch mal ein. Das muss ich mit eigenen Ohren hören.«

Ersten Berichten zufolge sollen bereits riesige Autokolonnen in Richtung Süden unterwegs sein. Aufgrund des extremen Verkehrsaufkommens haben sich sowohl auf der A 1 als auch auf der A 7 kilometerlange Staus gebildet. Zahlreiche Auffahrunfälle erschweren die Situation. An etlichen Tankstellen scheinen die Benzinreserven zur Neige zu gehen, sodass sich die Menschen in Panik um die Tankplätze prügeln.

»Das kann nicht sein.« Lizzie schüttelte den Kopf. »Das glaub ich einfach nicht.«

Eben erhalten wir die Meldung, dass auf der A 1 hinter Delmenhorst zwei Gefahrgutlaster kollidiert und in Brand geraten sind, sodass die Autobahn gesperrt werden musste. Die Sperrung wird voraussichtlich noch Stunden andauern. Umleitungen über …

»Mensch, Lizzie, das ist ja horrormäßig! Also, ich packe.« Norbert stürzte zur Tür. »Sagst du Olaf und Karla Bescheid?«

»Hast du denn überhaupt genügend Benzin?«

»Gestern vollgetankt. War ja Zahltag, Gott sei Dank.«

Lizzie war jetzt doch leicht beunruhigt. Sollte sie etwa auch packen? Aber das war doch Unsinn. Andererseits – wenn es stimmte und sie zu lange zögerte, dann würde sie sich das ewig vorwerfen. Wobei es dann nur noch ein Ewig geben würde.

Aber irgendwie kam ihr das Ganze komisch vor. Sie stand auf und schaltete den Fernseher an. Da flimmerten auf dem Ersten Vogelspinnen über den Bildschirm. Sie schaltete um. *Du mit deinen miesen Intrigen*, klagte es aus der Daily Soap. Dann NTV. *Der Kampf um Theresa Mays Nachfolge ist in vollem Gange. Die besten Chancen hat der Brexit-Hardliner Boris Johnson, aber auch Außenminister Jeremy Hunt ist noch im Rennen.* Übertönt wurde das Ganze nun von heftigem Geschrei aus dem Radio. *Die Flut kommt, die Flut kommt*, brüllte der Reporter in überkippendem Falsett. *Wir sind verloren.*

Dann Stille im Radio, bei NTV Bilder der libyschen Aufständischen mit Uraltgewehren. Lizzie stellte den Fernseher auf stumm und starrte gebannt auf das schweigende Radio. Endlich, nach einer gefühlten Ewigkeit, eine wohltönende, unaufgeregte männliche Stimme. *Sie hörten »Die Vertreibung aus dem Paradies. Neues zum Klimawandel.« Ein Hörspiel von Karla Habermann. Ausgezeichnet mit dem ersten Preis beim diesjährigen Kurzgeschichten-Wettbewerb der Elbe-Zeitung, in Zusammenarbeit mit unserem Sender und climateXperience.*

Das durfte doch nicht wahr sein! Lizzie stürzte aus dem Zimmer und den Flur entlang und riss Norberts Tür auf. »Entwarnung, Norbert, Entwarnung! War bloß ein Hörspiel.«

Rannte weiter und riss Karlas Tür auf. »Also, Karla, was du da gemacht hast …«

»Na, Lizzie, was sagst du jetzt? Von wegen keine Fantasie! Komm du mir noch mal mit solchen Sprüchen.« Karla saß vor ihrem Transistorgerät und strahlte vor Erfolg. »Du kannst mir ruhig gratulieren. Tu dir keinen Zwang an.«

»Fantasie! Dass ich nicht lache. Geklaut hast du, geklaut wie ein Rabe. Wieder mal.«

»Was heißt hier geklaut? Ich habe alles frei erfunden.«

»Nichts hast du frei erfunden. Ich war's, die dich auf die Idee gebracht hat. Ich war's, die den Tsunami vor Cuxhaven erfunden hat …«

»Hör auf, du bist doch bloß neidisch.«

»Von wegen neidisch. Das ist Diebstahl. Diebstahl geistigen Eigentums.«

»So ein Quatsch. Als ob du so was hättest schreiben können. Nie und nimmer.«

»Sich mit fremden Federn schmücken, das machst du doch die ganze Zeit. Und dann über den Guttenberg herfallen.«

»Das ist doch was völlig anderes. Das hier … das ist doch Fiktion.«

»Ach, und da ist alles erlaubt?«

»Ja, denk mal an.«

»Auch Plagiate?«

»Lächerlich. Als ob das ein Plagiat wäre. Du bist nur missgünstig.«

»Und du … Finderlohn solltest du bekommen, und keine Tantiemen … du bist eine solche … eine solche … Schlampe …«

»Also, ich weiß nicht, ob ich das hier noch länger mitmache.« Olaf stand in der Tür. »Ewig dieser Zickenkrieg. Wenn sich das Klima hier nicht bald ändert, dann seid ihr mich los. Das schlägt doch den Gutmütigsten in die Flucht.«

Die Ordnung der Dinge

»Dieses ist ein wohlkalkulierter Bruch«, sagte Justus Randeck. »Das sehen Sie doch gewiss auch so? Immerhin ist Jakob Levi für seine Experimentierfreudigkeit bekannt. Genau das hat ihm schließlich den Hugendubel-Preis eingebracht.« Die buschigen Augenbrauen schossen über die Brille hinweg, bis kurz vor den tief liegenden Haaransatz. Sein Gegenüber wiegte das kahle Haupt und schwieg. »Wie sonst«, fuhr Justus fort, »ließe sich der Wechsel von intradiegetisch zu extradiegetisch erklären? Bei diesem Autor?« Während das sich wiegende Haupt immer noch schwieg, begann die Moderatorin unruhig im Manuskript zu wühlen. »Also, was meinen Sie nun genau damit? Der Fokus der Erzählung liegt doch die ganze Zeit auf dem kleinen Jungen. Er ist es doch, der uns die Geschichte erzählt. Wie kann er wissen, was im Haus nebenan vor sich geht, geschweige denn vor sich gehen wird?« »Intra und auto«, murmelte nun das Haupt von Arnulf Ziegler, »das ist sonnenklar. Bis auf diese eine Stelle. Da hat der Kollege schon recht: Hier haben wir es zweifellos mit einem extradiegetischen Kommentar zu tun. Die Frage ist nur, in welcher Absicht dieser Perspektivwechsel eingesetzt ist.« »Ich denke, das ist offensichtlich«, schnaubte Justus Randeck. »Es hängt mit der Brüchigkeit der modernen Welt zusammen, mit der Kaleidoskopierung unserer Wahrnehmung in einer von Reizen überfluteten Welt.«

So ein Mist, murmelte Jakob vor sich hin und begann, die Blätter zu kleinen papiernen Geschossen zu formen und auf den Fernseher zu schießen.

»Ja, ich möchte eigentlich noch einen Schritt weitergehen. Ich frage Sie, lieber Ziegler: Was steckt hinter diesem Bruch? Was für ein Graben tut sich hier auf? Ist der Riss in der Erzählung Ausdruck einer multiplen Persönlichkeit?« Die buschigen Augenbrauen blickten triumphierend auf den kahlen Schädel. »Also, wenn wir in Rechnung stellen, dass Levi früher einige Semester Psychologie studiert und auch selbst Forschungen im Bereich der Psychoanalyse angestellt hat …«

Jakob stutzte. Das müsste er doch wissen. Schließlich war er nicht so gestört, dass er sein eigenes Leben nicht kannte. Oder war er womöglich auf dem Weg in die Demenz?

»Nun ja, da mögen Sie recht haben, lieber Randeck«, murmelte Ziegler und begann, nochmals in seinem Leseexemplar zu blättern. »Da ist mir übrigens noch etwas aufgefallen, was mir jetzt auf dem Hintergrund Ihrer Erläuterungen in einem anderen Licht erscheint. Beziehungsweise Ihr Argument untermauert. Genau an dieser Stelle findet sich nämlich eine einmalig andere Handhabung des Genitivs. Ist Ihnen das auch aufgefallen?«

Herrgott noch mal, fluchte Jakob. Schon der zweite Fehler. Wenn das so weiterging, musste er sich nach einem anderen Lektor umsehen. Nach einem, auf den er sich verlassen konnte.

In memoriam Tristram Shandy, Gentleman

Die Wanduhr

Autsch. Das war jetzt aber gar nicht gut. Das war nun schon das dritte Mal, dass mir das Gewicht heruntergerauscht ist. Das Gewicht für den Schlag. Menschenskind, Kiki, kannst du dich nicht zusammenreißen, wenn du die Uhr aufziehst? Vaters Augapfel, am Munde abgespart, für teures Geld erstanden, im feinsten Uhrenladen der Stadt! Mutter war natürlich dagegen gewesen. Was für eine schöne Ferienreise hätte man dafür machen können, gut und gerne zwei Wochen lang. Zum Beispiel in den Bayerischen Wald. Damals, vor dreißig Jahren, da war das Geld ja auch noch was wert. Aber keiner von uns hatte in den Bayerischen Wald gewollt. Außer Mutter natürlich.

Wir Kinder hatten die Uhr nie anfassen dürfen, solange Vater noch lebte. Das heißt, das stimmt nicht ganz. Als Jürgen achtzehn wurde, durfte er sie ein einziges Mal aufziehen – eine Art Initiationsritus, ein Männlichkeitsritual. Als ich achtzehn wurde, zwei Jahre später, fand so was natürlich nicht statt. Bei uns ging es nämlich noch recht patriarchalisch zu, und was die Geschlechterrollen anbelangte, da gab's kein Pardon. Mädchen an den Herd, Jungs ans Gewehr. Na ja, das ist wohl ein bisschen übertrieben, schließlich lebten wir damals in einer friedlichen Zeit, aber so vom Ansatz her stimmt es schon. Wenn ich nur dran denke, was los war, als ich es meinem Bruder gleichtun und auch das Kapitänspatent machen wollte, meine Güte. Ich heulte Rotz und Wasser, als Jürgen zum ersten Mal auf große Fahrt ging. Allerdings nicht aus Trauer, sondern aus Wut. Dass ich überhaupt studieren durfte, war ein heiliges

Wunder gewesen. Aber Pädagogik ist ja auch schließlich was für Mädchen, das heißt, ganz besonders für Mädchen, und außerdem kommt es später mal den Enkelkindern zugute. Dass es dann keine Enkelkinder gab, war natürlich ein herber Schlag.

Lass bloß die Finger von der Uhr, Kiki, dass du mir die ja nicht anfasst. Vater hatte wohl gewusst, warum. Besorgt starre ich auf die verzurrten Stränge. Ob ich versuche, sie mit den Fingern auseinander zu pulen? Oder ob ich sie einfach hochziehe? Vielleicht entflechten sie sich ja. Wagemutig probiere ich es. Aber nein, sie entflechten sich nicht, im Gegenteil, und die Uhr macht jetzt auch noch ein hässlich knirschendes Geräusch.

Uhren Lämpel, wo ist denn bloß die Nummer? Uhren Adam, Uhren Duckwitz, Uhren Fricke & Kühn ... ah, da ist er ja, Lämpel, Juwelier und Uhrmacher. Seit 1902.

Hören Sie, mir ist da was Dummes mit meiner Uhr passiert ... Ja, die ist von Ihnen. Allerdings ist das schon, na, so über dreißig Jahre her ... Nein, das geht nicht. Die ist viel zu groß und zu schwer ... Natürlich eine Wanduhr, was haben Sie denn gedacht ... Nein, ich habe niemanden ... Drei Wochen? Oh ... Ach so, Urlaubszeit, ja klar, das verstehe ich ... Nein, nein, ich kann warten. Schließlich geht die Uhr ja noch. Sie schlägt nur nicht mehr ... Gut, Sie melden sich dann.

Einerseits bin ich erleichtert, weil ich nicht gleich die horrenden Reparaturkosten am Hals habe. Ich bin nämlich im Moment ein bisschen klamm. Warum hab ich mir auch die Leinenhosen kaufen müssen, zwei Stück auf einmal, und dann noch die drei Polohemdchen. Andererseits, und ich starre wieder auf das verwickelte Strangknäuel, andererseits sieht das jetzt wirklich übel aus. Unerträglich. Ich hab's nämlich mit der Ästhetik, die ist mir wahnsinnig wichtig. Soll ich nun drei Wochen lang auf die ramponierte Uhr gucken?

Wenn ich doch bloß einen Handwerker im Haus hätte. Meine Freundin Sabine sagt immer, drei Männer braucht die Frau – einen für den Geist, einen fürs Bett und einen Handwerker. Aber ich habe gar keinen Mann. Na ja, das stimmt nicht ganz, immerhin habe ich einen besten Freund. Eine Seelenverwandtschaft. Allerdings ist der kein Handwerker. Wobei ein Grobhandwerker hierfür auch gar nicht der Richtige wäre. Was ich jetzt bräuchte, wäre eher ein Feinwerktechniker.

Ich schaue wieder auf die Uhr und mir treibt es die Tränen in die Augen. Warum bin ich auch so blöd gewesen? Warum hab ich nicht aufgepasst, wo mir das doch schon zweimal passiert ist? Tja, der Krug geht so lange zum Brunnen, bis er bricht. Das heißt natürlich, bis *sie* bricht, sie, die Uhr.

Nein, ich kann das nicht mehr länger ansehen, es ist zu schrecklich. Außerdem muss ich sowieso auf den Markt. Während ich nach dem Einkaufszettel suche, klingelt das Telefon. Mein bester Freund ist dran. Ich kenne Andi schon ewig – zwar nicht aus dem Sandkasten, aber aus der Studienzeit. Allerdings nicht aus derselben Fakultät. Andi ist Mathematiker, sein Steckenpferd sind Logarithmen. Die ich aus tiefstem Herzen hasse. Was er überhaupt nicht verstehen kann. Aber ansonsten ist Andi ein echter Schatz. Also heule ich sofort mein ganzes Elend durch die Leitung. Ich komme heute Nachmittag, sagt er, ich schau mir das mal an.

Als er um vier Uhr eintrudelt, bin ich schon etwas ruhiger. Und ich werde sogar ein bisschen optimistisch, als er meint, ja, ich glaube, ich kriege das hin. Ob ich ihm vertraue? Klar, sage ich. Ich vertraue ihm blind. Also beginnt er, an den Seilen herumzunesteln. Es dauert nicht lange und das Knäuel entwirrt sich und die beiden Stränge hängen parallel. Ich bin begeistert. Jetzt zieh sie mal ganz vorsichtig hoch, sagt Andi. Einen ängstlichen Moment lang zögere ich, aber dann tue ich's. Und siehe da, es klappt. Zwanzig nach vier hängen die beiden Gewichte wieder schön nebeneinander, das perfekte Zwillingspärchen. Rein optisch sieht das schon mal gut aus, sage ich. Jetzt müssen wir nur noch warten, bis sie schlägt.

Aber sie schlägt nicht. Totenstille um halb fünf, Totenstille um fünf. Wir haben uns inzwischen zwei Stühle vor die Uhr gestellt und uns hingesetzt. Wie hypnotisiert fixieren wir die Uhr. Es ist nicht nur wegen des Geldes, sage ich mit einem Kloß im Hals, obwohl das schon schlimm genug ist. Wenn die von Lämpel kommen müssen, dann kostet das mindestens hundert Euro, wahrscheinlich viel mehr. Nein, sage ich, es ist auch wegen Vater. Du kannst dir nicht vorstellen, was ihm die Uhr bedeutet hat, die Uhr war sein Ein und Alles. Und außerdem, füge ich gepresst hinzu, außerdem ist da noch die Sache mit der Symbolik. *Wem die Stunde schlägt*. Ja, sagt Andi, ich weiß, was du meinst. Das tut Andi immer – mich verstehen, meine ich. Und wie ich ihn so anschaue, muss ich plötzlich an eine andere Symbolik denken. An Laurence Sternes *Tristram Shandy*. Sie wissen, was ich meine? Wo der Vater die Uhr immer am ersten Sonntagabend jedes Monats aufzog, um gleichzeitig gewisse Familiengeschäfte einzuläuten?

Da sitzen wir zwei nun herum und sehen unsere Lebenszeit verrinnen, erst zwischen fünf und halb sechs, dann zwischen halb sechs und sechs. So langsam werden wir unkonzentriert und fangen an, über anderes zu reden. Über den letzten Urlaub, die neuesten Bücher, die neuesten Filme, die besten Kochrezepte. Wir können nämlich über alles miteinander reden. Das ist das Tolle an unserer Freundschaft.

Und dann, mich trifft fast der Schlag, dann schlägt sie tatsächlich, wie aus dem Nichts. Erst ganz zögerlich, ein einziges Dong, um halb sieben. Ich bin nicht sicher, ob ich es mir womöglich nur eingebildet habe. Aber Andi grinst und nickt, ja, er hat es auch gehört. Dann dreißig bange Minuten später, ich habe uns inzwischen einen Whiskey eingegossen, da schlägt sie wieder. Erst einmal, dann zwei, dann drei, dann viermal und fünf und sechs und sieben Dong. Jetzt springen wir auf und fallen uns in die Arme. Du bist ein Genie, sage ich. Du bist mein Einstein. Eher Leonardo, meint er. Okay, dann eben Leonardo. Dafür möchte ich dich jetzt küssen.

Und dank des Whiskeys tue ich das dann auch. Aber der Kuss verrutscht, er endet irgendwo am Hemdkragen, und ich denke, das kann auch nur dir passieren. Du verpatzt wirklich alles. Aber was will man schon von einer Frau erwarten, die noch nicht mal eine Uhr aufziehen kann? Kiki, höre ich meinen Vater sagen, das solltest du wirklich den Männern überlassen, das mit der Uhr. Und das mit dem Küssen erst recht.

Großvater kommt zu Besuch

Als Großvater zum ersten Mal zu Besuch kam, fragte ich ihn: »Warum kommst du erst jetzt?« Er antwortete: »Das ist eine lange Geschichte.« »Dann erzähl sie mir«, sagte ich. »Ja, später.« Dieses *Ja, später* hatte ich schon oft von Mama gehört. *Wenn du größer bist.* Aber nun war er selbst da und ich war größer. Doch war ich wirklich groß genug? Ja. Ich schaute in Großvaters Auge und glaubte ihm. Er hatte ein wunderschönes graues Auge. So grau wie der glatte runde Stein, den ich im Sommer beim Baden gefunden hatte. Ich hatte den Stein aufgehoben und poliert, bis er glänzte. Und nun hütete ich meinen Schatz in dem kleinen Seifendöschen, das ich mir von Mama erbettelt hatte.

Großvaters Auge war klar und ruhig. So wie unser kleiner See, wenn die Sonne nicht glitzerte und wenn kein Regen über die Wasserfläche peitschte. Es war ein bisschen dunkler am Rand, aber nicht so dunkel wie sein Mittelpunkt. Das Auge sagte: *Heute Abend, heute Abend erzähl ich es dir.*

Großvater war auf einem Motorrad gekommen. Mit Beiwagen. So etwas hatte ich bisher nur einmal gesehen, und das auch nur aus der Ferne. Aber nun stand diese Zaubermaschine bei uns auf dem Hof, strahlend und brummend. *Silberpfeil* stand in schwarzer Schrift auf seiner linken Flanke. Ich war begeistert, Mama entsetzt. Sie sagte Dinge, die ich nicht schön fand. Die man zu seinem Vater nicht sagen darf. Heute verstehe ich sie natürlich, heute würde ich das Gleiche sagen. Und heute würde Großvater damit keine hundert Meter weit kommen, ohne angehalten zu werden.

Flugs kletterte ich in den Beiwagen und streckte meine kurzen Beine aus. »Fährst du eine Runde mit mir, Großvater? Bitte, bitte!«, quengelte ich. »Du wirst nicht mit dem Kind fahren, auf keinen Fall!«, erhob sich Mamas Stimme in bedrohliche Höhen. »Dass du dich überhaupt zu fahren traust, ist schon schlimm genug.« »Ist ja schon gut, Marga, ist ja schon gut.« Aber Großvaters Auge blinzelte mir dabei zu.

Der Nachmittag war warm und sonnig, wir saßen in großer Runde im Garten und aßen Topfkuchen mit Sahne. Es war ein richtiges Fest. Alle schwatzten und lachten, nur ich verschwand immer wieder hinter der kleinen Mauer, um nach dem Motorrad zu schauen. Jedes Mal streichelte ich mit heißen Händen über Sattel, Stahl und Blech, jedes Mal versuchte ich, mit zu kleinen Fingern den Lenker zu umfassen. Wenn ich dann mit hochrotem Kopf zurückkam, suchte ich stets Großvaters Blick.

Als schließlich der Kuchen aufgegessen und Kaffee und Kakao ausgetrunken waren und das Geschirr klappernd abgetragen wurde, fasste ich mir ein Herz und Großvaters Hand und zog ihn um die Ecke. »Jetzt?«, fragte ich erwartungsvoll, und er nickte. »Ja, jetzt.«

Meine Zöpfe wehten durch den Fahrtwind, in meiner Nase kitzelte es, meine Hände und Füße kribbelten, als ob Ameisen darüber laufen würden. Ich sah die Fenster und Türen vorbeifliegen, sah Bäume und Sträucher auftauchen und verschwinden, winkte dem Mundinger Willy zu, der vor seiner Ladentür stand, und Tante Hilde und meiner Freundin Suse, die beide mit schweren Taschen auf dem Heimweg waren. Es war grandios und Großvater der liebe Gott.

Als es dann *Heute Abend* war und Mamas Zorn endlich verraucht, zog ich Großvater auf meine Bettkante. »Das war himmlisch«, sagte ich, »mit deinem *Silberpfeil*. Das war der schönste Tag in meinem ganzen Leben.« Großvater lächelte und streichelte über mein Haar. »Sag, warum bist du nicht früher gekommen? Und wo ist dein anderes Auge geblieben?« Er schaute mich lange an, bevor er antwortete. »Das hab ich im Frankreich-Feldzug verloren. Aber das verstehst du noch nicht.« Mir wurde heiß unter meiner Bettdecke. Ich griff nach seiner linken Hand und hielt sie ganz fest. Ich schaute lange auf die blauen Adern und die kurzen dunklen Härchen. Dann fragte ich: »Und dein anderer Arm? Wo hast du den gelassen?«

Der Untermieter

Gerade mal fünf Leute hatten sich auf ihre Annonce gemeldet. Eigentlich hatte Katrin mit einer Flut von Interessenten gerechnet. Aber möblierte Zimmer waren wohl nicht mehr *in*.

Als erste war eine alterslose, stumme Japanerin erschienen, die zwar einen gepflegten Eindruck machte, aber was nutzte das, wenn man sich nicht verständigen konnte? Dann hatten sich zwei Studentinnen vorgestellt: erst eine Romanistin, die so unbeholfen wirkte, dass Katrin um ihren Herd und ihre Spülmaschine bange wurde, und anschließend eine Soziologin, die in ähnlich saloppe Gewänder gehüllt und auch ähnlich geschminkt war wie einst Pia. Womit sogleich fatale Szenarien am Horizont auftauchten. Der Informatikstudent hatte ihr da schon besser gefallen, aber der war leider Raucher gewesen. Schade. Der hätte Katrin wirklich gut gepasst, besonders, weil er bei ihrem anhaltenden Kampf mit dem Computer hätte helfen können.

Allerdings hatte sie bei der ganzen Geschichte immer noch ein ungutes Gefühl. Das Zimmer zu vermieten, die Wohnung mit einem fremden Menschen zu teilen, nach über einem Jahr komfortablen Alleinseins, das fiel ihr nicht leicht. Aber was half's, sie brauchte das Geld.

Also wenn schon, dann tendierte sie zu männlichen Untermietern. Sie erinnerte sich noch zu gut an die ›möblierten Herren‹ ihrer Großmutter, die allesamt viel witziger gewesen waren als die ›Fräuleins‹ seinerzeit. Und sie konnten Hand anlegen – an den leckenden Wasserhahn, an das klemmende Gartentörchen, an den Schlagbohrer. Und weil sie im letzten Jahr das Gästeklo hatte ausbauen und eine schicke Dusche einbauen lassen, waren Männer ja auch kein Problem. Zumindest nicht als Untermieter.

Blieb noch der fünfte, der letzte Interessent. Und der stand jetzt vor ihr. Mittelgroß, dunkle Augen, dunkles Haar, so um die Vierzig – also in Katrins Alter. Sein Anzug war etwas abgetragen, aber sauber und offenbar frisch gebügelt.

»Varekai, Daniel Varekai«, stellte er sich mit leichter Verbeugung und leichtem Akzent vor. »Ich habe Ihre Anzeige gelesen …«

Oh, was für ein schöner Bariton – schöner noch als der Ewalds. Sie trat einen Schritt zurück. »Kommen Sie doch herein. Das Zimmer ist oben, in der ersten Etage. Allerdings habe ich es noch nicht hergerichtet.«

Sie stieg die Treppe hinauf und öffnete die Tür zu Pias Raum. Der Schreibtisch war immer noch zugemüllt mit Stadtplänen und Prospekten, alten Zeitungsausschnitten, Kinokarten und verschmierten Notizblöcken. Und in der Ablageschale Knöpfe und Sicherheitsnadeln, verbogene Reißzwecken und eingetrocknete Kulis. Katrin konnte froh sein, Pia endlich aus dem Haus zu haben. Ihr erster Impuls war gewesen, den ganzen Ramsch in einen Waschkorb zu fegen und in den Abfall zu kippen. Aber irgendetwas in ihr hatte sich dann doch gesträubt, womöglich ein Rest von Anhänglichkeit? Sentimentalität? Und so hatte sie bisher noch keinen Finger gerührt, um dieses Chaos zu beseitigen, das immer noch *Aufbruch* und *Flucht* schrie. Aber jetzt war sie im Zugzwang. Spätestens Herrn Varekais irritierter Blick machte ihr das klar.

»Sie müssen sich das natürlich alles wegdenken, das ist ganz schnell weggeräumt …«

»Es ist schön hell hier«, sagte er nach kurzem Zögern, »das gefällt mir sehr gut.«

Nun, das stimmte. Die Fensterfront war über drei Meter breit, und der Schreibtisch davor kaum kürzer. Eine Spezialanfertigung von Otto damals. Der hatte viel Platz gebraucht, der Otto, für seine Planskizzen und Grundrisse und Aufrisse und weiß der Himmel was noch.

»Gäste-Toilette und Dusche sind allerdings unten, ich hoffe, dass das nicht stört.«

»Aber nein, das stört überhaupt nicht.« Probehalber setzte er sich auf den drehbaren Bürostuhl und schwenkte ihn hin und her. »Was soll es denn kosten? In der Zeitung stand kein Preis.«

»Also, ich dachte da an 250 Euro …«

»Oh.« Herr Varekai stand wieder auf.

»Das ist natürlich mit Küchenbenutzung und Waschmaschine und Wäschetrockner und allem Drum und Dran.«

»Das brauche ich nicht«, meinte Herr Varekai. »Ich brauche nur das Zimmer. Und das auch nur tagsüber.«

»Wie bitte? Was soll das heißen? Etwa …?«

»Aber nein, Frau …«

»Wilkens …«

»… Frau Wilkens, nicht, was Sie jetzt denken. Da haben Sie mich falsch verstanden. Ich brauche es schon den ganzen Tag. Aber eben nicht nachts.«

»Das verstehe ich nicht.«

»Ich arbeite gerade an einem Projekt. Da brauche ich Ruhe. Und die habe ich zu Hause nicht.«

»Warum arbeiten Sie nicht im Büro?«

»Ich habe kein Büro. Ich bin freischaffend.«

Was denn, lag Katrin auf der Zunge. Aber sie schluckte die Frage hinunter. Stattdessen sagte sie: »Also, um noch mal auf den Preis zu kommen …«

»Ich habe mir ein Limit von 200 Euro gesetzt«, unterbrach sie Herr Varekai.

»Hm.« Katrin zögerte. Sie brauchte das Geld, und von den Fünfen war er allemal der Beste. Oder sollte sie ein neues Inserat schalten? Aber dann müsste sie noch mehr fremde Leute durchs Haus trampeln lassen, womöglich mit Stiefeln mit Rillenprofilen, die schmutzige Abdrücke in ihrem Teppichboden hinterließen.

»Also gut«, sagte sie schließlich. »Wann wollen Sie einziehen?«

»So schnell wie möglich.«

Herr Varekai wohnte nun schon fast zwei Wochen bei ihr, ohne dass Katrin ihn zu Gesicht bekommen hätte. Dabei war sie die ganze Zeit zu Hause geblieben. Vorsichtshalber, wie sie Frau Nölle erklärte. *Das ist jetzt wichtiger, Frau Nölle, das müssen Sie einsehen … Sie sind doch eine so tüchtige Kraft …* Aber Frau Nölle war trotzdem sauer. Dass die Chefin sich kaum mehr blicken ließ, ausgerechnet jetzt, wo das Herbstgeschäft anfing, das war, nun ja, nicht sehr günstig. Da sollten sie eigentlich zu zweit in der Buchhandlung stehen.

Seit Tagen schlich Katrin durchs eigene Haus, auf den Spuren ihres unsichtbaren Untermieters. Wenn sie es nicht besser gewusst hätte, hätte sie gesagt, Herr Varekai sei ein Phantom.

Schließlich wurde es ihr zu bunt. Sie stieg die Treppe hinauf, blieb vor seinem Zimmer stehen und lauschte. Kein Laut drang aus dem Raum, auch nicht, als sie ihr Ohr an die Tür presste. Ihr Puls ging plötzlich schneller, sie kam sich vor wie ein Dieb. Doch dann fasste sie sich ein Herz und klopfte. Es blieb still. Sie klopfte lauter.

»Herr Varekai?« Gleichzeitig drückte sie die Klinke herunter. Abgeschlossen.

»Einen Moment, ich komme.«

Nun hörte sie das Geräusch des klappernden Schlüsselbundes. Die Tür öffnete sich einen kleinen Spalt.

»Ja, bitte?«

»Ich wollte mir gerade was zu trinken machen, da dachte ich … Ich dachte, vielleicht täte Ihnen ein kleines Päuschen gut … Wir könnten doch zusammen Tee trinken.«

»Also, wenn Sie schon so freundlich sind«, Herr Varekai lächelte, »dann wäre es ganz reizend, wenn Sie mir eine Tasse abgeben könnten. Allerdings würde ich meinen Tee lieber hier trinken und dabei weiterarbeiten. Ich bin nämlich gerade so gut im Fluss.«

Am nächsten Tag stand Katrin wieder in der Buchhandlung. Endlich, sagte Frau Nölle mit vorwurfsvoller Miene.

In der vierten Woche erwischte es sie. Zuerst hatte sie dieses Kratzen im Hals gehabt, womit es immer bei ihr anfing, und dann die

Schluckbeschwerden. Jetzt waren Hustenanfälle, Schnupfen und Fieber dran. Achtunddreißig fünf, um die Mittagszeit. Das war zwar nicht dramatisch, aber es bedeutete, dass der Laden schon wieder ohne sie auskommen musste. Und Frau Nölle grollte – so sehr, dass sie noch nicht mal fragte, ob sie was für die Chefin tun könne. Nun, das war auch überflüssig, denn Katrin hatte alles im Haus. Sie schluckte zwei Aspirin und legte sich ins Bett.

Irgendwann begann sie zu schwitzen, und mit einem Mal war sie klatschnass. Sie stand auf und schlich leise an Herrn Varekais Zimmer vorbei ins Bad. Am liebsten hätte sie sich in die Wanne gelegt und ein schönes Fichtennadelbad genommen. Aber das war zu riskant, ihr Kreislauf könnte verrückt spielen. Eine heiße Dusche war da vernünftiger.

Sie hängte das Badetuch und den frischen Pyjama über die Heizung. Das nasse Zeug warf sie auf den Boden und stieg in die Dusche. Herrlich warm prasselte das Wasser auf sie herunter – aber noch nicht heiß genug. Vorsichtig hantierte sie am Temperaturregler herum. Es war nicht so einfach, die richtige Einstellung zu finden, da ging es um Millimeter. Da brauchte man Fingerspitzengefühl.

Aber ihres reichte wohl nicht. Ein brüllend heißer Schwall ergoss sich über ihre Haut. Katrin stieß einen gellenden Schrei aus und stürzte aus der Dusche. Sie stürzte buchstäblich, denn sie blieb mit dem rechten Fuß am Rand der Dusche hängen. Ihr Schrei ging in ein derartiges Heulen über, dass plötzlich die Tür aufflog und Herr Varekai vor ihr stand. Sie sah natürlich nur seine blankpolierten Schuhe und den unteren Teil seiner abgetragenen Hosen, denn sie lag der Länge nach auf dem Bauch, nackt und nass.

»Um Himmels Willen, Frau Wilkens, was ist passiert?«

»Wasser abdrehen!«, stieß sie hervor. »Schnell!«

Während er sich über sie beugte und tat, wie ihm geheißen, angelte sie stöhnend nach einem Zipfel des Badetuchs, das mittlerweile schön angewärmt war. Doch das tückische Teil rutschte über den Heizkörper und fiel zu Boden. »Augen zu! Sofort!«

Sie griff nach dem Tuch, aber wenn sie es um sich schlingen wollte, musste sie aufstehen. Und das ging nicht. Wimmernd versuchte sie, sich umzudrehen und zu verhüllen. Das klappte nur kläglich, und ein Blick auf ihren rechten Fuß genügte, um zu erkennen, dass sie nicht aus eigener Kraft hochkommen würde. Dort prangte nämlich eine Beule, so groß wie ein Tischtennisball. Erneut heulte sie auf, als sie den Fuß wider besseres Wissen zu belasten versuchte. Woraufhin Herr Varekai die Augen öffnete.

»Oh je, Frau Wilkens. Das sieht aber schlimm aus.«

»Jaaa …«

»Warten Sie, ich helfe Ihnen.« Noch bevor sie sich wehren konnte, bückte er sich und zog sie hoch. Das Badetuch segelte zu Boden.

»Neiiin«, meuterte Katrin. Aber schon hatte er sie auf den Armen und trug sie aus dem Bad ins Schlafzimmer und legte sie aufs Bett. Obwohl er sofort die Decke über sie zog, fühlte sie sich gemustert. Sie musste furchtbar aussehen. Krebsrot, verquollen und verschnupft, mit nassen Haaren. Sie fing an, unter der Decke zu zittern.

»Ich glaube, ich rufe einen Arzt. Ihr Zustand ist wirklich nicht der beste.«

»Holen Sie mir lieber meinen Schlafanzug aus dem Bad.« Katrins Zähne klapperten aufeinander. »Ich brauche keinen Arzt.«

Aber Herr Varekai bestand darauf. Er wollte die Verantwortung nicht übernehmen.

Der junge Notarzt begutachtete Katrins Verbrühungen. Nun, die seien nicht so schlimm, deshalb müsse sie nicht ins Krankenhaus, da genüge eine Salbe. Dann schaute er auf den Tischtennisball. Das sei allerdings nicht schön. Das würde dauern. Es gebe nur eins: kühlen, kühlen, kühlen. Und dann fest bandagieren. Und der grippale Infekt, der dauere eben seine Zeit. Er drückte Herrn Varekai ein Rezept in die

Hand. »Die Medikation steht drauf. Sehen Sie zu, dass Ihre Frau im Bett bleibt, bis das Fieber weg ist. Versorgen Sie sie gut.«

So kam es, dass Herr Varekai die nächste Nacht im Haus verbrachte. Irgendwann saß er an Katrins Bett und flößte ihr honiggetränkten Kamillentee ein, ein andermal kam er mit einer Hühnerbrühe an; wo er die her hatte, das wussten die Götter. Und irgendwann spürte sie eine wunderbar kühle Hand auf ihrer Stirn. Bilder von Ewald stiegen in ihr auf, wie er ihr das Haar aus dem sonnenverbrannten Gesicht strich, am Strand von Cannes, und dann war es nicht mehr Ewald, sondern Otto, aber Ottos blaue Augen waren plötzlich dunkel und sein kurzes blondes Haar wuchs und färbte sich tiefbraun, und ihr wurde heiß, so heiß.

»Um Himmels Willen, Frau Wilkens, was ist denn? Sie glühen ja!«

Als Katrin aus dem Krankenhaus zurück war, konnte sie Herrn Varekai nicht mehr in die Augen schauen. Ein Glück, dass er sich kaum blicken ließ. Die wenigen Male, die sie ihm auf der Treppe oder im Flur begegnete, konnte sie an einer Hand abzählen. Stets glaubte sie, ein Kainsmal auf der Stirn zu tragen, das brennend heiß und feurigrot leuchtete. Doch Herr Varekai schien dieses Kainsmal nicht zu bemerken. Wie immer lächelte er sie freundlich, aber distanziert an, und höflich wechselten sie das eine oder andere belanglose Wort. Dann entschwand er wieder geräuschlos in sein Refugium, um jene Dinge zu tun, die sie nicht wissen sollte. Frankenstein kam ihr in den Sinn, der in seinem Laboratorium die monströse Kreatur zusammengehext hatte, die bis heute durch Köpfe, Bücher und Filme geistert. Allerdings war Pias Zimmer kaum geeignet, größere Gerätschaften für Experimente aufzubauen.

»Und Sie haben wirklich keine Ahnung, was Ihr Untermieter so macht?«, fragte Frau Nölle.

»Er arbeitet an irgendeinem Projekt. Mehr weiß ich nicht.«

»Ja, aber worüber reden Sie denn mit ihm?«

»Eigentlich nur *Guten Tag* und *Guten Weg*. Sonst nichts.«
»Sonst nichts? Das finde ich schon komisch. Da würde ich doch neugierig.«

Natürlich war auch Katrin neugierig. Nach Tagen wachsender Unruhe entschloss sie sich, Herrn Varekais Privatsphäre zu ignorieren und das Zimmer zu durchsuchen. Schließlich hatte sie von jedem Schlüssel ein Doppel anfertigen lassen, das erst durch Ewalds, dann Ottos und schließlich Pias Hände gewandert war. Die Frage war nur, wo die Schlüssel lagen. Sie durchforstete Schublade um Schublade und Schächtelchen um Schächtelchen, doch vergebens. Die Schlüssel waren nicht im Haus. Sie musste sie im Geschäft deponiert haben.

Gleich am nächsten Morgen wurde sie fündig – in der kleinen Schatulle hinter dem Bestellbuch. Da lagen sie, schön gebündelt, wie es sich gehörte.

Normalerweise war Herr Varekai schon verschwunden, wenn Katrin um halb sieben aus dem Geschäft kam. Aber sie würde heute trotzdem nicht gleich heimgehen, wer weiß, ob er nicht doch noch mal zurückkam. Falls er was vergessen hatte. Also setzte sie sich in die kleine Pizzeria an der Ecke und trank sich mit einem Glas Rotwein Mut an.

Kurz vor halb neun stand sie vor seiner Tür. Mit zittrigen Händen versuchte sie, den Schlüssel ins Schlüsselloch zu stecken, aber er passte nicht. Hatte Herr Varekai womöglich das Schloss ausgewechselt? Das konnte doch nicht angehen! Es dauerte eine ganze Weile, bis sie merkte, dass sie den Schlafzimmerschlüssel in der Hand hatte. Der Pia-Schlüssel – was sonst? – war das Sesam-öffne-dich.

Das Zimmer ihres Untermieters glänzte. So ordentlich war es hier noch nie gewesen. Ein sauber Kant auf Kant geschobenes Häufchen von Mappen, in Rot, Grün und Blau, eine Schreibunterlage aus Leder, ein Laptop, ein Handbuch zu *Word*. Daneben ein paar Bücher, auch sorgfältig gestapelt. Obenauf ein deutsches Synonymlexikon und *Das Große Fremdwörterbuch*. Kein einziges Fetzelchen lag auf dem Riesenschreibtisch herum.

Sie hob die Schreibunterlage hoch. Sieh an. Da lagen jede Menge Blätter mit Zeichnungen. Katrin nahm eins nach dem anderen in die Hand. Das waren Konstruktionspläne! Wofür brauchte Herr Varekai Konstruktionspläne? Nach Architektenentwürfen sah das nicht aus, die kannte sie aus dem Effeff, noch von Otto her. Sie starrte auf die Zeichnungen. Und auf die chemischen Formeln am Rand. Sie stutzte. Sie war in Chemie Klassenbeste gewesen und hatte sich ihr Gedächtnis für Formeln bis heute bewahrt. Ja, und das hier – das sah aus wie eine Anleitung zum Bombenbauen.

Klar. Jetzt verstand sie die ganze Heimlichtuerei. Katrin begann zu frieren. Was sollte sie tun? Die Polizei rufen? Oder abwarten bis morgen? Bis Herr Varekai greifbar war, im wahrsten Sinne des Wortes? Panik kroch in ihr hoch. Ach, wenn doch bloß Otto zur Stelle wäre, oder Ewald, oder – ja, sogar Pia.

Kein Wunder, dass sie in dieser Nacht nicht schlafen konnte. Die wirrsten Gedanken schossen ihr durch den Kopf. Sie hatte noch stundenlang im Netz recherchiert, hatte die Formeln überprüft und die Details zu den Anschlägen der letzten Zeit abgerufen. Alles hatte gepasst. Aber wenn er ein El-Kaida-Schläfer war, hätte er sich dann nicht viel eher eine Wohnung und nicht bloß ein Zimmer gemietet? Er hatte auch keine auffälligen Sachen hereingeschleppt, nur eine Aktentasche und den Laptop. Und warum nahm er den Laptop abends nicht wieder mit? Das wäre doch viel sicherer gewesen.

Natürlich hatte sie versucht, das Programm zu öffnen. Aber sie war keine Hackerin, sie war noch nicht mal clever genug, um ihre eigenen verlorenen Dateien wiederzufinden. Deshalb hatte sie ja auch kurzfristig mit dem Informatikstudenten geliebäugelt. Oh, hätte sie nur den genommen und nicht Herrn Varekai!

Herr Varekai. Er drehte und drehte sich in ihrem Kopf im Kreis, mal höflich und rücksichtsvoll nickend, mal verschlagen und gefährlich blickend. Am Ende der Nacht entschied sie sich.

Dann war Katrin wieder allein. Das war's gewesen mit ihrem Unter-Mietverhältnis. Schlimm, schlimmer, am schlimmsten. Nie würde sie seinen Blick vergessen, als er von den Beamten abgeführt wurde. Und auch nicht den von Pastor Freese, der eine Woche später erschienen war und ihr die bittersten Vorwürfe gemacht hatte. *Wie konnten Sie nur, Frau Wilkens? Wir hätten ihm doch Kirchenasyl gewährt, ihm und seiner Familie.*

Seit diesem Besuch hatte es Katrin mit dem Magen. Sie brachte kaum mehr einen Bissen hinunter. Als die Krämpfe unerträglich wurden, ging sie schließlich zum Arzt. Und der wiederum verordnete ihr *bloß keinen Stress*, das sei das Allerwichtigste. Mit einem Magengeschwür sei nicht zu spaßen. Deprimiert schlich sie aus der Praxis, hinüber ins Café Peinemann. Während sie in ihrem Kamillentee rührte, überlegte sie, ob sie zu einem Therapeuten gehen sollte.

»Katrin, wie siehst du denn aus!«

Pia! *Hurricane*-Pia. Wie immer grell geschminkt und in Schlabberrock und Tücher gehüllt, wie immer mit ausfahrenden Bewegungen und lebhaft gestikulierend. Sie stürzte sich auf Katrin und herzte sie, als ob nie etwas gewesen wäre.

»Dir geht's nicht gut, hab ich recht? Hast du Kummer? Ärger in der Buchhandlung? Sag, was hast du mit meinem Zimmer gemacht? Ist das noch frei?«

Oh nein. Nicht schon wieder. Erst recht nicht nach der Sache mit Herrn Varekai.

»Ich … Es ist vermietet.«

»Was, du hast einen Untermieter? So mit Mietvertrag und allem Pipapo? Was ist denn das für einer?«

Zögernd begann Katrin zu schildern, wie ordentlich der Mann sei, wie zurückhaltend und höflich.

»Was macht er denn beruflich?«

Nach langem Schweigen sagte sie: »Er ist Schriftsteller. Er arbeitet an einem Roman.«

»Mensch, Katrin, das muss ja ein toller Hecht sein. Wie heißt er denn? Ist er berühmt?«

»Das wohl nicht.«

»Jetzt sag schon, wie heißt er?«

»Daniel Varekai.«

Pia lachte. »Raffiniert! Künstlername?«

»Wieso Künstlername?«

»Na, so hieß doch die Show vom *Cirque du Soleil*, diesem kanadischen Zirkus. Ganz fantastisch, ich hab die Truppe damals in München gesehen. Unglaubliche Artistennummern, das kannst du dir nicht vorstellen.«

Katrin zog fragend die Augenbrauen hoch.

»Eigentlich ein komischer Name für so 'ne Show.«

»Wieso, Pia?«

»*Varekai*, das ist doch Roma. Das bedeutet *Wohin auch immer, Ganz gleich wohin*. Ich hab das damals gegoogelt.«

Katrin spürte, wie sich ein eiserner Ring um ihren Hals legte.

»*In eine Traumwelt, in der alles möglich ist*, hieß es im Programm. Keine Ahnung, wie sie darauf gekommen sind. Sie sind doch keine Zigeuner.«

»Oh nein ...« Der Ring wurde noch enger.

Pia warf die Hände hoch. »Ich weiß, ich weiß – ich darf nicht mehr Zigeuner sagen. Von wegen *Political Correctness*.«

Jetzt war es mit Katrins Fassung endgültig vorbei. Sie begann hemmungslos zu weinen.

Co-abhängig

Schon seit einer Viertelstunde wartete Olga auf dem Behindertenparkplatz und hoffte inständig, dass kein Rollstuhlfahrer vorbeikäme. Immer wieder schaute sie auf die Uhr. Nur noch zweiundzwanzig Minuten bis zu Veranstaltungsbeginn. Trotz der Kälte brach ihr der Schweiß aus. Wo Grit nur blieb? Die Fahrt würde ohnehin nicht einfach werden. Dunkelheit, Feierabendverkehr und noch dazu der strömende Regen. Sie war nämlich nachtblind, aber das hatte sie Grit nicht gesagt.

Zwanzig vor sieben. »Na endlich, da bist du ja.«

»Tut mir leid, schneller ging's nicht.« Grit war außer Puste. »Aber wir haben ja noch über eine Viertelstunde, das schaffen wir locker.«

»Ich kann nicht rasen, bei diesem Wetter!«

Das konnte sie in der Tat nicht, denn die Wischblätter waren nicht mehr die neuesten. Sie schmierten. Außerdem beschlugen schon nach wenigen Atemzügen die Scheiben. Sie stellte das Gebläse an, angelte das Putztuch aus der Seitenklappe und begann damit herumzufummeln. Fast hätte sie darüber den nachtschwarzen Radfahrer beim Abbiegen übersehen.

Auch die weißen Markierungsstreifen waren in der regennassen Dunkelheit so gut wie unsichtbar. Olga konnte kaum die Spur halten. Solange einer vor ihr herfuhr, ging es noch, aber jetzt, an der roten Ampel, war sie die erste.

»Mensch, pass auf, du kommst auf die Busspur!«

Sie riss das Steuer herum und war plötzlich zu weit links, und prompt heulten Hupen hinter und neben ihr auf. Kein Wunder, dass sie noch mehr ins Schwitzen geriet.

Zehn vor sieben. »Das schaffen wir lässig«, sagte Grit. Anscheinend merkte sie nichts von Olgas Aufregung. »Das Beste ist, du wirfst mich einfach raus. Dann kannst du in aller Ruhe einen Parkplatz suchen und nachkommen.«

In aller Ruhe! Die Kreuzung vor ihnen war verstopft, und Olga starb tausend Tode im Gedanken, nicht mehr hinüberzukommen. Aber sie schafften es – gerade noch. Im allerletzten Moment sah sie aus dem Augenwinkel ein grelles Rot aufblitzen.

»Als wievielte bist du denn dran?«

»Als zweite.«

Da musste sie sich sputen. Sie wollte Grits Vortrag unbedingt von Anfang an hören. *Co-Abhängigkeit. Vom abhängigen zum engagierten Verhalten in Beziehungen.* Das interessierte sie brennend.

Nach fünf weiteren roten Ampeln, einem riskanten Überholmanöver und einer Laterne laufenden Kindergruppe auf dem Zebrastreifen waren sie da. Das hieß, Grit war da. Für Olga ging es nun erst richtig los.

Sie hatte die Wahl. Entweder fuhr sie geradeaus, in der Hoffnung, auf dem Seitenstreifen einen freien Platz zu finden. Oder sie bog rechts in die Einbahnstraße. Dort gab es deutlich mehr Möglichkeiten. Aber das würde länger dauern.

Trotzdem entschied sie sich für die Einbahnstraße. Dass das keine gute Idee gewesen war, merkte sie sofort. Ein Auto hinter dem anderen, aufgefädelt wie Bandwurmglieder. Im Schritttempo kroch sie vorbei, doch alles stand dicht an dicht. Bis auf eine Lücke. Aber die war zu klein, und Rückwärtseinparken – nun ja. Wieder einmal ärgerte sie sich, dass sie damals nicht den kleinen Smart gekauft hatte. Mit dem wäre das jetzt kein Problem gewesen.

Schon wollte sie weiter Richtung Parkhaus, als sie linkerhand eine große freie Fläche sah. Dieser Platz war ihr noch nie aufgefallen. Kurz entschlossen bog sie ab, die Scheibenwischer liefen jetzt auf vollen Touren. Besser gesagt, sie schmierten auf vollen Touren. Immerhin konnte sie erkennen, dass da keine Autos standen. Also fuhr sie schwungvoll hinein.

Zu schwungvoll, denn plötzlich ging es nicht mehr weiter. Olga legte den Rückwärtsgang ein und versuchte, zurückzusetzen. Aber da hakte was. Sie gab mehr Gas, der Motor heulte auf, das Auto begann sich wieder zu bewegen. Allerdings nur zögerlich, und nur ein paar Zentimeter. Sie schaltete um und versuchte es erneut mit dem Vorwärtsgang. Und wieder kam sie bloß eine Handbreit weiter. Ob das die Drosselklappe war? Das hatte sie schon mal gehabt, vor etwa einem Jahr, mitten auf der Kreuzung Nordstraße/Gutenbergallee. Auch im Feierabendverkehr, auch bei strömendem Regen. Aber das konnte nicht sein, der Wagen war gerade erst in der Werkstatt gewesen. Oder hatten die womöglich was übersehen?

Nun versuchte sie es wieder rückwärts, mit noch mehr Gas. Und siehe da, auf einmal ging es. Wenngleich nur kurz. Also das Ganze noch mal. Rückwärts vorwärts rückwärts vorwärts. Falls es wirklich die Drosselklappe war, dann würde sich das Ding irgendwann lösen. Das hatte es auch damals getan. Vorwärts rückwärts vorwärts rückwärts.

Bald merkte sie, dass dieses Manöver sinnlos war. Sie stellte den Motor ab, stülpte die Kapuze über und stieg aus. Sie ging ein paar Schritte nach vorn, um nachzuschauen.

Ein Blick, und sie begann zu kichern. Kicherte und kicherte. Denn an der vorderen Stoßstange hing eine Bank. Eine Bank ohne Lehne. Eine Bank auf Rollen. Kein Wunder rollte die immer mit hin und her. Vorwärts rückwärts vorwärts rückwärts. Der reinste Slapstick. Olga stand da und hielt sich den Bauch vor Lachen.

Und vor Erleichterung. Sie musste die Bank einfach nur abhängen. Ein Kinderspiel. Und auf jeden Fall besser als eine klemmende Drosselklappe. Aber da täuschte sie sich. So sehr sie sich auch bemühte, sie bekam das Ding nicht ab. Dabei hatte sie recht viel Kraft in den Händen. Sie zog und zerrte und fingerte und ruckelte, und schließlich riss sie mit blanker Gewalt.

Aua. Jetzt hatte sie sich den rechten Zeigefinger eingeklemmt. Und nun blutete es. So ein Mist. Sie stieg wieder ins Auto und durchsuchte alle Fächer nach Tempotüchern. Nichts. Das einzige, was da lag, war ihr schöner sandfarbener Seidenschal. Und während sie ihn blutenden Herzens um den blutenden Finger schlang, fing der Wagen zu rollen an.

Jetzt guck dir das an! Da klaut jemand 'ne Sitzbank! Hast du so was schon gesehen? Da schleppt jemand 'ne Sitzbank ab!

Haltet den Dieb, haltet den Dieb!, dröhnte es in ihren Ohren. Olga geriet so in Panik, dass sie abrupt Gas gab. Sie wollte nichts wie weg. Da sah sie plötzlich, dass sie sich direkt vor der Polizeiwache befand. *Polizei, Polizei! Haltet den Dieb!* Sofort drehte sie die Zündung ab und stürzte aus dem Wagen. Rannte los, als ob eine Meute Bluthunde hinter ihr her wäre. Lief und lief, als ob es ums nackte Überleben ginge.

An der Ecke drehte sie sich noch einmal um, um zu schauen, ob sie einer verfolgte. Aber alles, was sie sah, war ihr Auto. Ihr Auto mit der Sitzbank. Und beide rollten einträchtig miteinander die abschüssige Straße hinunter.

In memoriam Patricia Highsmith
Und nicht zu vergessen:
Patrick Süskinds Jean-Baptiste Grenouille

Feine Nasen

›Trüffelsau‹ hatte er sie genannt, damals, auf jenem Waldspaziergang. Franz hatte es als Kompliment gemeint, das wusste sie. Und sie wusste auch, wie er darauf gekommen war. Dass er die kleine Geschichte aus dem Périgord gelesen hatte, in der das arme Tier von seinem Herrn durch den Eichenwald getrieben wurde, ohne auch nur einen Krumen von der Beute abzubekommen. Samson – so hieß das kluge Borstenvieh – hatte sich dafür aufs Eindrucksvollste gerächt. Es war eines ihrer Lieblingsbücher: *Mordgeschichten für Tierfreunde*. Sie hatte sich extra eine gebundene Ausgabe gekauft.

Aber trotzdem – er hätte nicht ›Sau‹ sagen dürfen. Das war ein Fehler gewesen. Doch sie war ein schwaches Weib. Als er sich später zu ihr legte, war alles vergeben und vergessen. So lange, bis sie Majas Parfüm an seinen Schamhaaren gerochen hatte. Das Pilzgericht an jenem Abend war ihm gar nicht gut bekommen.

Nun hatte sie einen neuen Liebhaber. Oskar. Oskar war ein Bild von einem Mann, und er hatte alle Tugenden, die man sich nur wünschen konnte – männliche und weibliche. Kraftvoll und einfühlsam, stark und weich, je nach Gemengelage. Er konnte schrauben und sägen und nageln, er konnte kicken und kochen, boxen und backen. Er konnte einparken und zuhören. Was wollte man mehr?

Indes – es gab kein vollkommenes Glück auf dieser Welt. Oskar roch nämlich nicht. Das heißt, er konnte schon riechen, er roch den Knoblauch im Spinat genauso wie das Öl, das aus ihrem alten Toyota tropfte. Aber er selbst hatte keinen Eigengeruch. Zuerst machte ihr das nichts aus, denn sie mochte sein After Shave und sein Deo. Doch wenn er morgens ›pur‹ neben ihr lag, da fehlte etwas. Auch seine Hemden – sie hatte ihm schon nach einer Woche den halben Schrank frei geräumt – , die Hemden konnte sie beschnuppern, wie sie wollte: da war einfach nichts. Das alte T-Shirt des untreuen Franz hingegen, das zerknüllt in der untersten Schublade lag, stank nach all den Monaten immer noch nach ihm. Nun gut, eigentlich konnte sie froh sein, dass Oskar nicht stank, aber sie hätte zu gerne ihre Nase in seinem Pullover vergraben und ihn eingesogen, wenn er nicht da war. Doch es gab Schlimmeres.

Die Wochen vergingen, und sie hatte sich mit Oskars kleinem Makel abgefunden. Notgedrungen. Bis zu jenem Tag, an dem er ihr das Buch aus der Bibliothek mitbrachte. Patrick Süßkinds *Parfüm*. Das war ein Fehler gewesen. Denn kaum hatte sie die unglaubliche Geschichte des Jean-Baptiste Grenouille gelesen, da schwante ihr Böses. Ein Serienmörder ohne Körpergeruch. Was hatte das eine mit dem anderen zu tun? Immer wieder blickte sie mit gerunzelter Stirn von ihrer Lektüre auf und in Oskars Gesicht. Er seinerseits runzelte jedes Mal ebenfalls die Stirn. Irgendwann war genug gerunzelt und sie fragte ihn, ob sie am Wochenende nicht in die Pilze gehen wollten. Wenn du meinst, antwortete er.

Als sie am Freitagabend vom Büro nach Hause kam, war Oskar noch nicht da. Das war nicht ungewöhnlich, denn er arbeitete oft länger. Als er jedoch um zehn Uhr immer noch auf sich warten ließ, wurde sie unruhig. Sie tigerte von Raum zu Raum, auf und ab. Schließlich ging sie ins Bad, um sich das erhitzte Gesicht zu kühlen. Da sah sie es. Zahnbürste, Kamm, Deo, After Shave – alles weg. Sie sprintete ins Schlafzimmer und riss den Schrank auf. Gähnende Leere.

Der schlaue Fuchs. Er roch zwar nicht, aber er konnte offensichtlich riechen, wenn es brenzlig wurde.

Das grüne Licht

»Die Nummer Eins, die Nummer Eins, die Nummer Eins im Norden sind wir." Seine Stimme war schon ganz kratzig. Wenn er noch länger so brüllte, würde er morgen früh keinen Ton mehr herausbekommen – egal, mit wieviel Beck's er nachspülte. Er wickelte den grün-weißen Schal ein bisschen fester um den Hals. »Die Nummer Eins, die Nummer Eins, die Nummer Eins im Norden sind wir.«

»Hey, Kumpel, hättste das noch für möglich gehalten? Ich hab schon gedacht, der is im Tor.«

»Yep. Ich auch.«

»Dass das Arschloch noch so'n Foul machen muss, so kurz vor Schluss.«

»Egal. Hat ja trotzdem geklappt. Die Nummer Eins, die Nummer Eins ...«

»Aber dass die's auch immer drauf ankommen lassen müssen. Alles immer auf den letzten Drücker.«

»Hör endlich auf zu meckern. Wir ham's doch geschafft, und bloß das zählt. Die Nummer Eins ...«

»Halt die Klappe, du Wichser.«

Oh je, jetzt waren sie doch noch zwischen die Rotweißen geraten. So ein Mist. »Schießbude Neuer, wir singen Schießbude Neuer«, skandierte er und kippte sich die Halbliterdose in die angeraute Kehle. Mann, tat das gut. Mit ausgestellten Ellbogen mähte er sie nieder, diese Pfeifen, mit ihren Scheiß Skinheads dazwischen. Hoch erhobenen Hauptes pflügte er durch das rotweiße Meer. »Die Nummer Eins ...«

Auf einmal standen sie über ihn gebeugt. Ein Strahlenkranz nacktrasierter Köpfe, in Blassgrün geflutet. Diese Mistkerle, die gottverdammten. Die schreckten doch vor nichts zurück. Aber dieses Licht, dieses fantastische Licht! Werdergrün – doch irgendwie anders. So jenseitig.

Wo kam das bloß her? War er womöglich schon …? Nein, dafür waren die Schmerzen zu groß.

»Mensch, Alter, das hat aber weh getan. Scheußlich, so was. Solln wir die Sanis rufen?« Aus einem guten Dutzend Augen tropfte Mitleid auf ihn herunter. »Armes Schwein. Der Poller steht da ja auch saublöd. Aber dass du da auch so reinrauschen musst, mit deinem besten Stück.« Um die Glatzen herum waren jetzt lauter grüne Aureolen. Gütige Glatzen mit Heiligenschein. »Achtung, der rutscht uns wieder weg. Jetzt hol doch endlich einer die Sanis.«

Auf einmal fühlte er sich ganz toll. So jung. So hoffnungsvoll. Kein Wunder, die Hoffnung war jetzt ja auch direkt über ihm. Knackig braune Mädchenschenkel, die in einem spitzen weißen Zwickel zusammenstießen, in einem Strahlenkranz weißer Spitzenzwickel. Darunter herrlich gewölbte Hügelchen, eins, zwei, drei, vier … Kein Zweifel, er war im Paradies. Ich liebe euch, ich liebe euch alle. *Guck mal, er kommt zu sich. Schau mal, die langen Wimpern. Ist der nicht süüüß? Und sieh mal, diese herrlichen blauen Augen.*

»Auf drei. Eins, zwei, drei. Habt ihr ihn?«

»Ja doch.«

Er versuchte, den Kopf zu wenden, um die Mädchen genauer anzuschauen. Aber da waren keine Mädchen mehr. Da waren zwei junge Männer in orangefarbenen Jacken. Und wieder die Glatzen. Die eine Glatze beugte sich über ihn und tätschelte ihm den Kopf. »Mach's gut, Alter. Das wird schon wieder.« Die andere Glatze grinste und sagte: »Aber nächstes Mal machen wir euch kurz und klein, ihr Schießbudenfiguren.«

Detlef auf dem Dach

Detlef hockte auf dem flachen Dach und versuchte, die Steine aufeinanderzuhäufeln, die wir mühsam hochgeschleppt hatten. Doch die Plane über der zerbrochenen Luke plusterte sich an den Ecken immer wieder auf – als wäre sie ein Riesenvogel, der sich zum Nachtflug bereit macht. Detlef, so geht das nicht, sagte ich. Die Steine sind nicht schwer genug. Keine Bange, die halten, erwiderte er, mit der Zuversicht von drei Aquavit und fünf Flaschen Bier.

Eigentlich hätte ich ihn gar nicht hinauflassen dürfen. Aber der Augenschein hatte mich dann doch überzeugt. Außerdem – einer, der kaputte Lichtschalter und tropfende Wasserhähne und marode Schlösser reparieren und Fenster und Türen und die Welt aus den Angeln heben kann, der bekommt doch auch das in den Griff. Und seine Promille schwammen schließlich auf Leberkäse und Kartoffelsalat.

Dabei war es bis vorhin so nett gewesen. Er hatte es richtig genossen. Kein Wunder, wo er doch zu Hause so kurz gehalten wurde. Aber Gitti war heute Abend kein Thema.

Der Wind frischte jetzt beträchtlich auf. Mir fiel ein, dass von Orkanböen die Rede gewesen war, die vom Meer her kommen sollten. Detlef, beeil dich, rief ich durch die Nacht. Doch kaum machte ich den Mund zu, änderte sich das Szenario. In, nun ja, Windeseile sprang der Film aus der Zeitlupe heraus in die Zeitrafferspur. Und plötzlich, wie von Zauberhand bewegt, hob sich die Plane mitsamt den Steinen, sie trotzte allen Gesetzen der Schwerkraft und schwang sich wie Phönix aus schwarzen Flammen in den Himmel empor. Detlef, halt sie fest, rief ich, halt sie fest! Aber schon donnerte Stein um Stein herunter, auf Dachpappe und in die offene Küchenluke, auf Glas und Blumentöpfe, auf die Leiter, die nun ihrerseits abwärts donnerte. Detlef gab sein Bestes, das konnte ich sehen. Er klammerte sich mit seinem ganzen Gewicht an der Plane fest, *ich* klammerte mich an *ihm* fest. Doch ein schwankendes Rohr kann natürlich nichts ausrichten. Detlef entglitt mir mitsamt der Plane, die sich nun rundete und höher strebte. Wie jener Ballon, der mit dem kleinen Jungen an lichtem Blattwerk vorbei gen Himmel und weiter ins All geflogen war, um dort seine unendlichen Kreise zu ziehen. Aber Detlef war kein kleiner Junge mehr, mit seinen gut achtzig Kilo. Zu schwer für Weltraumschrott.

Urnenraub

Die Fahrten nervten sie schon lange, besonders jetzt, bei diesem miesen Novemberwetter. Da jagte man keinen Hund vors Haus. Und da setzte man sich auch nicht ins Auto, um aus purer Pietät zwanzig Kilometer über enge, kurvige Straßen zu fahren. Das machte den guten Mischa auch nicht mehr lebendig.

Wenn man doch bloß die Urne mit nach Hause nehmen könnte. Früher durfte man das, das hatte ihr Omama erzählt. Omamas Freundin Rosel hatte ihren Eugen auf dem Büfett stehen gehabt. *Eugen Triumphator.* Und jeden Abend hatte die Rosel Schlüpfer und Büstenhalter über ihn gehängt und mit ihm geredet. Besser ging's nicht, oder? Heutzutage war das allenfalls in Bremen möglich, aber sie lebte ja leider im Allgäu, wo man auch noch an Feiertagen wie Fronleichnam festhielt. Was wollte man da schon erwarten?

Eigentlich könnte sie die Urne selbst ausbuddeln und mitnehmen. Ja, das war doch eine großartige Idee. Wenn *sie* als Witwe das machte, dann war das beileibe keine Grabschändung und auch keine Störung der Totenruhe. Sie holte ihren Mischa nur heim, dorthin, wo er hingehörte. Allerdings durfte sie sich dabei nicht erwischen lassen.

Die Sache musste also gut durchdacht sein. Sie brauchte eine kleine Spitzhacke, um den Boden aufzulockern, und eine Schaufel. Auf dem Grab waren zum Glück keine Pflanzen mehr, nur Zweige, und die konnte sie hinterher wieder drüberlegen. Die würden sogar ausgesprochen hilfreich sein. Außerdem brauchte sie einen großen Rucksack und eine Taschenlampe. Fiel man damit auf, wenn man so über den Friedhof stapfte? Hm. Es kam darauf an, wann man das machte. Am besten am späteren Nachmittag, jedoch nicht allzu spät, weil es inzwischen recht schnell dunkel wurde. Der Montag war wohl am günstigsten, denn da fanden normalerweise keine Beerdigungen statt, schon gar nicht am Spätnachmittag. Wobei jetzt natürlich die Jahreszeit war, in der sich die Todesfälle häuften. Aber ein so kleines Risiko konnte man schon eingehen.

Der nächste Montag würde sich anbieten, der schien perfekt. Regenschauer waren angesagt, die in der Nacht in Schnee übergehen sollten. Recht früh im Jahr, jedoch hilfreich, wegen eventueller Spuren. Schnee war schon immer die beste Hülle.

Als sie am Montag auf dem Friedhof ankam, war ihr doch ein wenig mulmig zumute. Immer wieder schaute sie sich um, ob nicht irgendwelche Gestalten auftauchten und sie mit ihrer Ausrüstung ins Visier nahmen. Doch der Friedhof war wie ausgestorben. Kaum hatte sie das zu Ende gedacht, musste sie laut auflachen. *Der Friedhof ausgestorben.* Wahrlich ein treffender Satz.

Mischa war mit mehreren Lagen von Zweigen zugedeckt. Nordmann-Tanne, teuer, akkurat geschichtet. Ob sie die Grabpflege kündigen sollte, wenn sie die Urne zu Hause hatte? Es war doch sinnlos, hier ein leeres Grab für nichts und wieder nichts bepflanzen zu lassen. Darüber musste sie echt nachdenken.

Plötzlich entdeckte sie in der linken Ecke einen kleinen Blumenstrauß, der ziemlich mitgenommen aussah. Kein Wunder bei diesem Wetter. Wer hatte den wohl abgelegt? Doch nicht der Gärtner? Sie schaute genauer hin. Es waren Rosen. Die Farbe war zwar verwaschen, aber man konnte ahnen, dass sie einmal rot gewesen sein mussten. Rote Rosen. Wer legte ihrem Mischa rote Rosen aufs Grab?

In diesem Augenblick meinte sie hinter sich Schritte zu hören, leichte, flinke Schritte. Doch als sie sich umdrehte, war weit und breit nichts zu sehen. Hatte sich jemand hinter einem Busch versteckt? Oder hatte sie sich das eingebildet? Mit zusammengekniffenen Augen suchte sie Grab um Grab ab, ohne jedoch fündig zu werden. Nein, da war keiner. Das musste ihr schlechtes Gewissen gewesen sein. Allerdings war die Lichtsituation nicht mehr die beste. Aber weiter. Sie durfte jetzt keine Zeit verplempern, wenn sie zum Ziel kommen wollte. Also ging sie in die Knie und begann den Boden mit der Hacke zu lockern. Dann kam die schwierigste Arbeit, nämlich das Graben.

Die Sache war mühsamer und dauerte länger, als sie gedacht hatte. Sie musste sich wahnsinnig anstrengen, um den Boden aufzuschaufeln. War das Loch, das sie für Mama gegraben hatten, auch so tief gewesen? Sie konnte sich beim besten Willen nicht mehr daran erinnern. Auf jeden Fall war das wesentlich fixer gegangen. Aber das waren auch Profis gewesen.

Sie schwitzte aus allen Poren, trotz strömenden Regens. Dennoch arbeitete sie stur und zielstrebig in die Abenddämmerung hinein, in dunklen Jeans und dunklem Anorak, bis sie endlich die Urne in der Hand hatte. Sie hielt inne, ein leichter Schauer rieselte ihr über den Rücken. Dann eine Gedenkminute, bevor sie Mischa in ihren Rucksack stopfte. Mit dem Auffüllen des Bodens war sie schneller fertig, auch wenn das wegen der schweren nassen Erde ziemlich in die Arme ging. Und, oh je, ins Kreuz.

Während sie ihre Dehnübungen machte, war sie zu einem Entschluss gekommen. Sie würde die Grabpflege kündigen. Im Frühjahr würde sie selbst Hand anlegen – ein einziges, ein letztes Mal. Sie würde ihr schändliches Tun mit dem Mantel der Liebe zudecken. Mit Immergrün. Immergrün wuchs von selbst und brauchte so gut wie keine Pflege. Niemand würde etwas bemerken, allenfalls ein paar Friedhoftratschen. Sie würden darüber lästern, wie lieblos doch die junge Witwe mit ihrem ach so früh verstorbenen Ehemann umging. Keine Besuche, keine frischen Blumen, keine Grabkultur. *Ja, ja, die Frauen von heute!*

Als sie endlich nass und dreckig und total erschöpft im Auto saß, konnte sie es kaum glauben. Sie hatte es wirklich geschafft. Aber dann ließen die Nerven nach, sie fing zu zittern an. Auch der Rucksack auf ihrem Schoß, den sie fest umschlungen hielt, zitterte mit, mitsamt dem Heiligen Gral.

Zu Hause dann, in trockenen Klamotten und mit einem doppelten Schnaps in der Hand, zitterte sie nicht mehr. Es hatte angefangen zu schneien, dichte Flocken rieselten aus dunkelgrauer Watte. Sie rieselten unentwegt, Stunde für Stunde, und um Mitternacht war alles völlig eingeschneit. Noch nie hatte sie sich so sehr über Schnee gefreut.

Auf dem Weg ins Bett schaute sie noch einmal stolz zu der Urne hinüber. Das Gefäß, das sie zuvor mit Inbrunst gereinigt und poliert hatte, stand jetzt trophäengleich auf der alten Kommode, die ihre Mutter vor Jahrzehnten in England erstanden hatte. »Ruhe in Frieden«, murmelte sie, während sie über Mischas blitzende Hülle strich.

In der Nacht träumte sie heftig. Sie träumte von offenen Gräbern und glänzenden Urnen, die wie Wanderpokale auf ihrem Regal standen. Es waren Dutzende. Und dazwischen jede Menge Rosen, von Moosröschen bis zu Bakkaratrosen. Sie quollen förmlich über die Regale, wucherten auf sie zu und begannen sie zu umzingeln. Als sie sich zu befreien versuchte, hörte sie ein leises, glockenhelles Lachen, das sich immer weiter ausdehnte und schließlich in lautes Hohngelächter mündete.

Schweißgebadet wachte sie auf. Ein feuriger Zorn stieg in ihr hoch, der sie senkrecht in die Höhe katapultierte. Dieser Mistkerl! Dieser gemeine Hund! Gleich nachher würde sie ihn entsorgen. Jawoll. Der Huber würde sich freuen, wenn er das nächste Mal die Post brachte. Der hatte sich immer geärgert, dass sie Sand bei Schneeglätte gestreut hatte, das würde die Schuhsohlen so schmutzig machen. Ja. Sie würde Mischa streuen, den ganzen Weg vom Haus bis zur Straße, sie würde auf ihm herumtrampeln, bis ihm Hören und Sehen verging. Von wegen *Ruhe in Frieden*.

Im Zauberwald

Kilometerlang hatte sie sich an Rücklichter geheftet, so lange, bis der regenglatte Asphalt im Waldweg versandet war. Nun hielt sie an und stolperte mit halbnackten Füßen hinein in die Sommernässe. Da stand er schon. Sie schlüpfte in ihren Anorak und rannte ihm entgegen. Wortlos ergriff er ihre Hand und zog sie auf den weichen Pfad, der in einen Urwald führte. Fitzcarraldos Dschungel. Nur dass hier keiner ein Opernhaus bauen wollte.

Unter tropfenden Linden schlidderte sie hinter ihm her. Abschüssig, dachte sie. Abwegig. Wir geraten auf Abwege. Doch sein fester Schritt würde sie mitnehmen – in jede Wildnis, sogar bis zum Amazonas. Durch den Blättervorhang fielen Koloraturen, schnellten spitze Schreie. »Hörst du das?«, fragte er. »Wir sind nicht allein.« Sie gingen jetzt eng aneinander gedrängt, vorbei an aufgeschütteten Erdhügeln, an Steinen, an Blaubeersträuchern, die noch keine Früchte trugen.

Mit einem Mal öffnete sich der Wald und zwei Seerosenteiche lagen vor ihnen. Auf der Wasserfläche tanzten Trolle, trommelten rhythmisch auf und ab. Sie spürte, wie ein Daumen über den ihren strich, genauso rhythmisch. »Hier gibt es bestimmt Seejungfrauen«, sagte sie. Er lächelte. »Ich kenne nur die kleine Meerjungfrau, und die ist in Kopenhagen.« »Hast du noch nie vom Mümmlein gehört, oder von der schönen Lau?« Er schüttelte den Kopf. »Aber von Waldgeistern. Nimm dich vor denen in Acht.« »Nimm du dich in Acht vor Nixen.«

Sie gingen langsam weiter, umrundeten erst den einen, dann den anderen Teich – vorbei an der ersten, der zweiten, der dritten Bank. Schließlich setzten sie sich auf das klamme Holz.

Die Trolle hatten sich getrollt, nur noch vereinzelt schlingerten Kreise und Ovale über glatte Spiegelflächen. Der Boden dampfte. Als Kind hatte sie es geliebt, im warmen Sommerregen zu baden – wenn die Riesentropfen auf das Wasser plumpsten und zerplatzten, wenn sie einem über Stirn und Nase rannen und man versuchte, sie mit offenem Mund zu fangen. Und mit jedem Tropfen wurde das Wasser wärmer.

Sie watete hinein, bis der Grund unter ihr löcherig wurde. Sie stieß sich vom Boden ab und trennte leichtgliedrig die Wasserperlen. Doch auf einmal spürte sie, wie ihre Beine immer gewichtiger wurden, wie sich das eine an das andere fügte, wie sich das rechte nicht mehr vom linken trennen ließ, wie beide verschmolzen. Sie würde hierbleiben müssen, im See, bis ans Ende ihrer Tage. Komm zu mir, rief sie, komm zu mir! Aber er hörte sie nicht.

»Meine Füße!«, jammerte sie. »So warte doch auf mich.« »Da hinten ist noch ein Teich«, hörte sie ihn sagen, und seine Stimme klang klein und fern. »Dort drüben!« Doch das Weiterkommen wurde mühsamer, sie stolperte über Wurzeln und Stöckchen, das offene Schuhwerk füllte sich mit feuchter Erde. Mit lehmschweren Beinen kämpfte sie sich voran. Der Weg hatte sich zum Trampelpfad verengt, und immer wieder schlugen ihr Zweige entgegen und ritzten an ihrer Haut. Sie musste Laub und Gehölz zur Seite biegen, um seine Fußstapfen sehen zu können, denen sie folgte wie in zu großen Schuhen. Sein roter Anorak leuchtete durch das Dickicht, wie jenes farbenfrohe Baumhaus, das damals ihre große Bühne gewesen war. Von wo aus sie Lassos geworfen hatten, über Gespenster, böse Räuber und feindliche Indianer.

Sie watete hinein ins Dickicht, und mit einem Mal fielen Schlangen von Lianen über sie her und um sie herum, spannen sie ein, verpuppten sie in einem undurchdringlichen Kokon. Plötzlich hing sie am Marterpfahl, gefesselt von grell bemalten Kriegern. Ein Feuer, ein Kessel, ein brodelndes Wasser, Gelächter. Und er war jenseits, ein ferner, leuchtender Punkt. Komm zu mir, rief sie, komm zu mir! Aber er hörte sie nicht.

Atemlos verharrte sie, unfähig, sich zu rühren. Doch dann stand sie auf einmal wieder neben ihm. »Ich glaube«, sagte er, »wir kehren jetzt besser um. Es ist doch beschwerlicher, als ich dachte. Zumindest mit deinen leichten Schuhen.« Und er streckte ihr eine warme, feste Hand entgegen und zog sie hinaus, aus den Teichen und Lianen und dem hellen und dunklen Grün des Zauberwalds.

Heimwärts gab es keine Bremslichter, denen sie folgen konnte. Da war nur eine winkende, signalrote Gestalt im Rückspiegel, die immer kleiner wurde und schließlich verschwand.

Fiasko

»Um Himmels Willen, wie seh ich denn aus!« Entsetzt starrte sie in den Spiegel. Das schöne Haar war weg, das seidig lange, und stattdessen schaute sie auf eine zottelige Mähne. Das sollten sexy Wuschellocken sein? Hätte sie bloß nicht auf Christian gehört. Da musste so ein Kerl nur was sagen, und schon war es passiert. Dabei hätte sie es wissen müssen, es war ja schließlich nicht das erste Mal.

»Aber Sie sehen gut aus, wirklich. Das ist echt viel flotter«, wehrte Herr Hübchen ab. »Außerdem muss man doch ab und zu was verändern.«

»*Ich* finde es prima, dass Sie sich endlich mal getraut haben. Ich wollte Sie schon lange zu einer neuen Frisur überreden«, mischte sich nun Frau Sattmann ein. »Steckt da vielleicht ein neuer Mann dahinter?«

»Bei mir steckt kein Mann dahinter.«

»Na, jetzt kommen Sie schon. Wer ist es denn?«

Marie schüttelte heftig den Kopf. »Das war allein meine Idee. Aber so habe ich mir das nicht vorgestellt. Sie sagten doch, dass durch den Stufenschnitt Bewegung ins Haar käme.«

»Aber da ist doch Bewegung drin, schauen Sie mal.« Herr Hübchen tänzelte nun mit dem Handspiegel um sie herum.

»Oh nein! Wo ist denn mein Hinterkopf? Der ganze Hinterkopf ist weg!« Tränen schossen ihr in die Augen. »Herr Hübchen, tun Sie doch was!« Aber was sollte er schon tun, der Stümper?

»Na ja, Herr Hübchen, da haben Sie wohl ein bisschen viel ausgedünnt«, nörgelte jetzt auch Frau Sattmann.

»Aber die wachsen doch wieder«, flötete Herr Hübchen. »Außerdem – das ist nur eine Frage der Gewöhnung.«

Frau Sattmann nickte zustimmend und sagte, wenn sie erst die Komplimente zu hören bekäme, nicht wahr, die Komplimente, besonders die des besagten Mannes, dann …

Jetzt war es aber endgültig genug. Marie stand abrupt auf. Fast hätte sie den Stuhl umgeworfen.

»Also, wenn es Ihnen gar nicht gefällt, dann ist das heute natürlich umsonst. Und das Nachschneiden das nächste Mal, das geht auch aufs Haus.«

Nachschneiden! Was sollte da noch nachgeschnitten werden? Marie murmelte unverständliche Worte vor sich hin und stürmte hinaus. Vor der Tür kramte sie ein Taschentuch hervor und fing zu heulen an.

»Marie, was ist denn mit dir?«

Oh nein. Ausgerechnet Sandra.

»Nichts, gar nichts. Mir ist nur was ins Auge geflogen.«

»Menschenskind, Marie. Mir kannst du's doch erzählen.« Sandra legte den Arm um sie und schob sie Richtung Cafeteria.

Unter Tränen und bei einem Espresso mit doppeltem Cognac schüttete Marie ihren Kummer auf den Tisch. »Wenn Christian nicht gesagt hätte, dass er Locken mag … Ich hätte doch nie …«

»Oh Marie. Du und die Männer. Das hatten wir doch schon öfter. War da nicht mal was mit einer Dauerwelle? Wegen diesem … Paul?«

»Das war Tommy. Das mit Paul war die Sache mit dem Färben.« Marie schluchzte. »Was soll ich denn jetzt bloß machen?«

»Na, so schaurig ist die Frisur nun auch wieder nicht. Außerdem wachsen die Haare ja wieder.«

»Komm *du* mir nicht auch noch damit.«

»Jetzt hab dich nicht so. Vielleicht ist Christoph ja begeistert.«

»Christian.«

»Na, dann eben Christian. Kann doch sein, dass er es mag. Wart erst mal ab, bevor du weiterflennst. Du siehst ja jetzt schon aus wie der letzte Heuler.«

»Lass mich in Ruhe. Überhaupt – ich muss gehen. Ich hab noch was zu erledigen.«

Sie zahlte und stakste mit stocksteifem Kopf davon, in den Supermarkt. An jeder Glasfront, an der sie vorbeikam, schielte sie nach ihrem Spiegelbild, um jedes Mal entsetzt wegzuschauen.

Sie brauchte was Alkoholisches. Eine schöne Flasche Single Malt zum Beispiel. Normalerweise kaufte sie den nur, wenn er im Angebot war, aber nun hatte sie ihn wirklich nötig. Außerdem war ja der Friseur umsonst gewesen.

Zuhause versuchte sie ihr Elend zu vergessen – beziehungsweise zu ertränken. Bei Kerzenschein und italienischen Opernarien mit Rolando Villazón schlürfte sie an ihrem Whiskey herum und fühlte sich Schluck um Schluck besser. Also griff sie beherzt zur Flasche und goss sich nach. Nachdem sie mehr als die Hälfte getrunken hatte, machte sich ihre Blase bemerkbar. Sie stand auf, ein klitzekleines bisschen wackelig, und marschierte in Richtung Bad. Dass sie sich an dem blöden Rauchtisch das Schienbein anschlug, tat zwar einen Moment lang höllisch weh, aber das Licht im Badezimmer war schmerzhafter. Besonders nach dem schummrig-schönen Kerzenschein. Was sie da im Spiegel sah, war schrecklich.

Sie zog eine Schublade nach der anderen auf, bis sie endlich die Schere gefunden hatte. Was dieser Hübchen konnte, das konnte sie schon lange. Ritsch ratsch ritsch ratsch und die ersten Zotteln waren ab. Schon besser, Marie, da machen wir doch gleich weiter. Aber erst wird gepinkelt. Dann griff sie wieder zur Schere, packte Strähne um Strähne und säbelte sie bis auf zwei, drei Zentimeter ab. Ja, das war cool, das war Jean Seberg, der Schwarm einer ganzen Generation. *Außer Atem. A bout de souffle.* Mit dem fantastischen Jean-Paul Belmondo. Kult war das damals gewesen. Das Remake mit Richard Gere dagegen – vergiss es. Und an die weibliche Hauptdarstellerin konnte sie sich schon gar nicht mehr erinnern. Aber Jean Seberg, die junge Jeanne d'Arc – einfach umwerfend. So wie sie jetzt. Sie, Marie.

Sie marschierte ins Wohnzimmer zurück und goss sich das Glas noch mal voll. Darauf musste sie trinken. Rolando schmetterte inzwischen sein unvergleichliches *Nessun dorma*, die Kerzen flackerten. Die musste sie im Auge behalten. Aber sie war ja noch stocknüchtern.

Im Lauf der nächsten halben Stunde verschwand der Whiskey zusehends, und irgendwann musste sie ihn wieder loswerden. Also noch mal ins Bad.

Sie schaute wieder in den Spiegel. Nein, so ging das nicht. Wo war denn bloß der Ladyshave? Sie tastete sich durch Slipeinlagen und Abschminktücher und Wattebäusche hindurch, bis sie endlich den Rasierer in der Hand hatte. Eine Tonsur wäre nicht schlecht. Oder drei Bahnen, schön symmetrisch. So, wie man das seit Neuestem mit den Schamhaaren machte. Sie musste nur aufpassen, dass sie sich nicht schnitt. Sie konnte nämlich kein Blut sehen.

Marie war geschickter, als man nach all dem Alkohol vermuten sollte. Erst zog sie den Mittelstreifen, ganz exakt, da gab's kein Vertun. Dann kam die linke Seite dran, dann die rechte. Besser hätte es Herr Hübchen auch nicht machen können, und Frau Sattmann schon gar nicht. Sie schaute in den Spiegel. Wenn das kein gelungener Abend war!

Als sie ins Wohnzimmer zurückkam, merkte sie, dass die Luft zum Schneiden war. Das kam natürlich von den vielen Kerzen. Jetzt musste mal kräftig durchgelüftet werden. Es hatte schon was für sich, im fünften Stock zu wohnen. Da stieg keiner ein.

Die Kerzen flackerten durch den Luftzug wesentlich heftiger. Ob die wohl kippen konnten? Ach was. Die würden schon von alleine ausgehen, irgendwann. Sie plumpste wieder auf die Couch und goss sich noch einmal nach. Ein letzter Absacker, dann war Schluss. Dann war die Flasche auch leer. Und dann nichts wie ab ins Bett.

Christian würde nicht schlecht staunen, wenn er morgen ihre neue Frisur zu Gesicht bekäme. Sie würde ihn gleich in der Früh anrufen. Mein Gott, würde der staunen!

Der letzte Dominostein

Der Verleger zuckt die Achseln. Es rechne sich nicht. Lyrik rechne sich nicht. Und da ich mit keiner Eigenbeteiligung aufwarten könne … Aber, falle ich ihm ins Wort, er habe doch gesagt, dass es in erster Linie auf die Qualität der Gedichte ankomme und dass man dann irgendwie weitersehen werde … Aah. Als er das sagte, habe er nicht wissen können, dass es mit den Geschäften so schwierig werden würde. Bei der momentanen Situation des Verlages könne man beim besten Willen nicht in Vorleistung gehen. Und wenn meine eigene finanzielle Lage tatsächlich so prekär sei, nun, dann müsse ich mir eben einen Sponsor suchen. Oder *crowdfunding* betreiben.

Gesenkten Hauptes trotte ich hinaus. Von *crowdfunding* habe ich keine Ahnung. Außerdem sind mir diese ganzen Internetgeschichten suspekt. Also ein Sponsor. Aber woher soll ich plötzlich einen Sponsor nehmen? Im Bekanntenkreis herumbetteln, wegen läppischer Dreitausend? Das kommt nicht in Frage. Was würden die von mir denken? Und einen *sugar daddy* habe ich auch nicht, aus dem Alter bin ich raus.

Wie machen das die anderen? Von Ilsebill weiß ich, dass sie im Geldeinwerben für die gute Sache groß ist. Ob ich sie mal frage? Ja, ich frage sie. Was ich höre, ist wenig hilfreich. Institutionen abklappern. Haha. Als ob die meisten nicht selbst klamm wären. Bremen ist pleite – schon vergessen? Allerdings: Wenn die sich für 250 Mille Eames Chairs für die Bürgerschaft kaufen können, dann ist es wohl doch nicht ganz so eng, oder? Da sind meine Dreitausend doch *peanuts*. Großfirmen angehen. Hm. Vitakraft oder die Könecke Fleischfabrik als Lyrik-Sponsor?! Vielleicht Immobilienmogule. Wo, bitte schön, gibt es hier Immobilienmogule? Also dann die Sparkasse. Die Sparkasse! Dass ich nicht lache. Außerdem bin ich dort schon lange nicht mehr. Seit sie mir meinen popeligen Dispo-Kredit gestrichen haben. Na, dann eben bei deiner jetzigen Bank, meint Ilsebill. Ich müsse den oberen Etagen klar machen, dass sie sich an einem kulturellen Projekt beteiligen *dürften*, nicht *sollten*. Klar. Nicht *ich* bin es, die etwas von ihnen will. Sonst hätte ich ja gleich nach einem Kredit fragen können.

Meine Bank ist die *El Greco*-Bank. Ilsebill kennt sie nicht, sie sagt, das komme ihr spanisch vor. Aber da täuscht sie sich. Die *El Greco* ist eine aufstrebende griechische Bank, die international agiert. Die mir auf mein Tagesgeldkonto satte fünf Prozent gibt, und das in heutigen Zeiten. Das Problem ist nur, dass in heutigen Zeiten nichts mehr auf diesem Konto ist. Da nützen mir die fünf Prozent natürlich auch nichts. Aber ich verfolge regelmäßig die Börsenkurse.

Von Ilsebill angestachelt, vereinbare ich einen Termin. Es ist schwierig, meiner Anlageberaterin klar zu machen, dass ich ein höheres Tier sprechen will. Sie schaut mich misstrauisch an. Was Wunder – sie weiß, dass es bei mir nichts anzulegen gibt. Sie vermutet wohl, dass es doch um Pump geht. Um Pump im großen Stil. Um mehr, als sie verantworten kann. Aber da vermutet sie falsch. Ich will das Geld ja schließlich nicht geliehen haben. Ich will es geschenkt haben.

Sie schielt auf die dicke Mappe, die ich fest umklammere. Ich halte sie so, dass sie nicht erkennen kann, was drauf steht: *Von roten und blauen Planeten. Gedichtsammlung mit Illustrationen.* Überhaupt, sagt sie nun, sei sie für Termine der höheren Etagen nicht zuständig. Da müsse ich mich mit dem Sekretariat der Geschäftsleitung in Verbindung setzen. Sie kritzelt eine Telefonnummer auf einen Zettel, drückt ihn mir in die Hand und mich aus ihrem Büro.

Sekretariat der Geschäftsleitung. Hatte Ilsebill nicht etwas von Vorstandsvorsitzendem gesagt? Ich kenne die Strukturen des Hauses nicht, aber vielleicht tut es ja auch ein Bankdirektor. Zögernd zücke ich mein Handy und beginne, die Nummer einzutippen. Dass ich dabei den Weg zum Aufzug blockiere, merke ich erst, als ich angerempelt werde. Ich schaue hoch und erblicke einen geschniegelten Endvierziger, der offensichtlich nach oben will, in die höheren Etagen. Flugs drängle ich mich mit ihm in den Aufzug.

Als wir aussteigen, ist die Sache in trockenen Tüchern. Unglaublich? Nein. Wir steigen nämlich erst eine halbe Stunde später aus, und so ein Nothalt im Aufzug eröffnet ungeahnte Möglichkeiten. Dem Herrn Bankdirektor gefallen besonders die *Marsfrau* und *Plutomond.* Und selbstverständlich stehe es seiner Bank gut zu Gesicht, sich kulturell zu engagieren. Außerdem sei die Summe, um die es gehe ... Nun, *peanuts* sagt heute kein Banker mehr. Nicht seit Hilmar Kopper. Dabei habe ich die Summe schnell auf fünftausend erhöht. Damit man die Crush-Struktur der Illustrationen besser herausarbeiten kann. Der hätte man nämlich sonst nicht gerecht werden können, und das wäre schade gewesen.

Geht doch, sagt der Verleger und dreht und wendet den edlen Hard-Cover-Band mit Goldschnitt und Seidenbändchen, bevor er ihn mir endlich in die Hand legt. Man darf nie zu früh aufgeben. Wo er recht hat, hat er recht. Allerdings musste ich mir zwischenzeitlich eine neue Bank suchen. Die *El Greco* hat nämlich Konkurs angemeldet. Die Sache habe sich schon länger angebahnt, heißt es in den Börsennachrichten, und es hatte nur noch eines klitzekleinen Dominosteinchens bedurft, um das Riesengebäude zum Einsturz zu bringen. Wie etwa der *Roten und blauen Planeten.*

Elke Weiß

Kopflos im Park

Kriminalroman

232 Seiten, 2. Auflage
Taschenbuch,
Format 14 x 22 cm
9,90 Euro
ISBN 978-3-95494-164-3

Zwei harte Brocken für den Bremer Kriminalkommissar Bodo Strehler: Ein Mord im idyllischen Bürgerpark und ein Fall tödlichen Cybermobbings halten ihn in Atem. Er bekommt es mit einem undurchsichtigen Zwillingspaar zu tun – und mit einer exzentrischen Autorengruppe, die sich selbst zerfleischt. Habgier, Rache, Neid? Mit Hilfe seiner krimibesessenen Ehefrau Inge gelangt er in Bremens literarische Szene und ins Auge eines Shitstorm. Gelingt es ihm auch, das Rätsel um den abgetrennten Schädel zu lüften?

Eine Liebeserklärung an die Hansestadt mit Augenzwinkern! Für Bremen-Besucher und Bremer mit Besuch, für Studenten und Neu-Bremer ...

Ian Watson

Bremen erlesen

Wie die Bremer und ihre Stadt so ticken

208 Seiten, Taschenbuch,
14 x 19 cm
11,90 Euro
ISBN 978-3-95494-161-2

»Bremen erlesen« ist ein Stadtführer der besonderen Art, der uns über die herkömmlichen touristischen Pfade hinaus auf verschlungene Wege und Abwege schickt. Der irische Autor Ian Watson, der schon etliche Jahrzehnte in Bremen lebt und arbeitet, lässt uns »seine« Stadt mit anderen Augen sehen: Das eine Auge ist irisch, das andere bremisch.
Das gibt dem Buch seinen eigenen Reiz, lässt Fremdes vertraut erscheinen und Vertrautes fremd. Dieser einzigartige Blick auf die Hansestadt – eine Liebeserklärung mit Augenzwinkern – ist für Bremen-Besucher und Bremer mit Besuch gedacht, für Studenten, Neu-Bremer und alle, die die Stadt und ihre Bewohner kennenlernen möchten und – zu kennen glauben.
Also: Los geht's!